MAGASIN THÉATRAL.

CHOIX DE PIÈCES NOUVELLES,

JOUÉES SUR TOUS LES THÉATRES DE PARIS.

THÉATRE DES FOLIES-DRAMATIQUES.
LES CHANTEURS AMBULANTS,
Comédie-Vaudeville en trois actes.

PARIS.
MARCHANT, ÉDITEUR,
Boulevart Saint-Martin, 12.

BRUXELLES.
TARRIDE, LIBRAIRE, PASSAGE DE LA COMÉDIE.

L'Homme du siècle, dr.-h. 4 a. 40
La Visite domiciliaire, dr. 1 a. 30
Le Royaume des Femmes, f. 1 a. 30
Le Sauveur, com. 3 a. 40
Les Faussaires anglais, m. 3 a. 30
Le Magasin pittoresque, r. 30
Le Serf et le Boyard, mél. 3 a. 30
Le Château d'Urtuby, o.-c. 1 a. 30
L'Amitié d'une jeune fille, m. 40
Je serai Comédien, c. 1 a. 30
Le Fils de Ninon, dr. 3 a. 40
Le Prix de vertu, c.-v. 5 tabl. 30
Le Curé Mérino, dr. 5 a. 50
Le Mari d'une Muse, c.-v. 1 a. 30
Flore et Zéphire, f.-v. 1 a. 30
Le Domino rose, vaud. 2 a. 30
La Chambre de ma femme, c. 30
Les 4 Ages du Palais-Royal. 40
Juliette, dr. 3 a. 40
Une Dame de l'empire, c.-v. 1 a. 30
La Paysanne demoiselle, v. 4 a. 40
Un Soufflet, com.-vaud. 1 a. 30
Les Liaisons dangereuses, dr. 40
Le Doigt de Dieu, dr. 1 a. 30
La Fille du Cocher, vaud. 1 a. 30
Théophile, c.-v. 1 a. 30
L'Oraison de St-Julien, c.-v. 30
La Vénitienne, dr. 5 a. 50
L'honneur dans le crime, dr. 50
Un bal de domestiques, v. 30
Les Charmettes, com. 30
Pécherel l'empailleur, v. 30
L'Aiguillette bleue, v.-hist. 30
Les Mal-Contents de 1579, dr. 50
Une Chanson, dr.-v. 30
Le Dernier de la famille, c.-v. 30
L'Apprenti, vaud. 1 a. 30
Le Triolet bleu, c.-v. 40
Salvoisy, com. 2 a. 40
Une Aventure sous Charles IX. 40
Lestocq, op.-c. 4 a. 50
Turiaf-le-Pendu, v. 1 a. 30
Artiste et Artisan, c.-v. 30
L'Aspirant de Marine, op.-c. 30
Un Ménage d'ouvriers, c.-v. 30
L'Interprète, c.-v. 1 a. 30
Un Enfant, dr. 4 a. 40
Le Capitaine Roland, c.-v. 30
La Tour de Babel, rev. ép. 30
La Nappe et le Torchon, c.-v. 40
Les Duels, com.-v. 2 a. 40
Vingt ans plus tard, v. 30
L'Angélus, op.-com. 1 a. 30
Un Secret de Famille, dr. 40
Les Dres Scènes de la Fronde. 30
La Robe déchirée, c.-v. 30
Le Commis et la Grisette, v. 30
Lionel ou mon avenir. 40
Heureuse comme une princesse 40
La Cinquantaine, com.-v. 30
Prêtez-moi 5 francs, mél. 40
Un Caprice de femme, op.-c. 30
L'Impératrice et la Juive, dr. 50
Le Capitaine de vaisseau, v. 40
Les Sept péchés capitaux, v. 30
Le Juif errant, dr. fant. 50
2 femmes contre 1 homme. 30
Le Septuagénaire, dr. 4 a. 40
Gribouille, extravagance. 40
La Frontière de Savoie, v. 30
Les Deux Borgnes, fol.-v. 30
La Toque bleue, v. 1 a. 30
Charles III ou l'Inquisition. 40
Deux de moins, c.-v. 30
Jacquemin, roi de France, c.-v. 40
Les Immoralités, com. 1 a. 30
La Lectrice, vaud. 2 a. 40
Le Comte de St-Germain. 40
L'École des ivrognes. 30
Les Bons Maris, com.-v. 40
La Famille Moronval, dr. 5 a. 50
Morin, dr. 5 a. 50
La Tempête, fol.-v. 1 a. 30
Mon ami Grandet, vaud. 40
Le Juif errant, v. 5 a. 40
La Filature, v. 3 a. 40
Le Marchand forain, op.-c. 40
L'Idiote, com.-v. 30
Les Tours Notre-Dame, v. 30
Le Mari de la Favorite, c. 50

Lord Byron à Venise, com. 40
La vie de Napoléon, sc. épis. 30
La Vieille Fille, com.-v. 30
Latude, mél. hist. 5 a. 50
Georgette, vaud. 30
Le For l'Évêque, vaud. 40
Le Ramoneur, vaud. 30
La Sentinelle perdue. 30
Au rideau! vaud. 30
Un de plus, com.-v. 3 a. 40
L'Ambitieux, com. 5 a. 50
Le Procès du mar. Ney, 4 a. 30
Une Passion, v. 1 a. 30
Estelle, com.-v. 1 a. 30
Antony, d. 4 a. par A. Dumas. 50
Mari de la Veuve, A. Dumas. 30
Atar-Gull, mél. 4 a. 40
Gilette de Narbonne, v. 3 a. 40
Les Enfans d'Édouard, trag. 40
Mme d'Egmont, com. 3 a. 40
Catherine Howart, dr. 50
La Prima Dona, v. 1 a. 40
Être aimé ou mourir, c.-v. 30
Une Mère, dr. 2 a. 40
Charles VII, par Al. Dumas. 50
Mademoiselle Marguerite. 30
Étienne et Robert, v. 30
Bouffon du Prince, 2 a. 40
La Consigne, com.-v. 1 a. 30
Marino Faliero, tr. 5 a. par C. Delavigne. 50
Napoléon, par Alex. Dumas. 50
Charlotte, dr. 3 a. 40
Les Enragés, tab. villageois. 30
Angèle, d. 5 a. par Al. Dumas. 50
L'homme du monde, dr. 5 a. 50
Les Roués, v. 3 a. 40
Thérésa, d. 5 a. par A. Dumas. 50
Le Conseil de révision, v. 4 a. 40
La Chambre Ardente, d. 5 a. 50
Cotillon III, c.-v. 1 a. 30
Le Moine, dr. 4 a. 40
Reine, Cardinal et Page, v. 30
Jours gras sous Charles IX, 40
Père et Parrain, v. 2 a. 40
Jeanne Vaubernier, c. 3 a. 40
Les Deux divorces, c.-v. 1 a. 30
Indiana, dr. 5 parties. 50
Frétillon, vaud. 5 a. 50
La Femme qu'on n'aime plus. 30
1834 et 1835, rev. épis. 30
Le Tapissier, com. 3 a. 40
La Fille de l'Avare, v. 2 a. 40
L'Autorité dans l'embarras. 30
Dolly, dr. 3 a. 40
Les Chauffeurs, mél. 3 a. 40
Les Deux Nourrices, v. 1 a. 30
Les Pages de Bassompierre. 30
Au Clair de la lune, v. 3 a. 40
Farinelli, com.-hist. 3 a. 40
La Nonne sanglante, dr. 5 a. 50
Marmitons et Gds Seigneurs. 30
La Marquise, op.-com. 1 a. 40
Fich-Tong-Kang, v. 1 a. 40
Les Gants jaunes, v. 1 a. 30
Mon ami Polyte, v. 1 a. 30
Le Cheval de bronze, o.-c. 3 a. 40
Les Beignets à la Cour, c. 1 a. 30
Le Père Goriot, v. 2 a. 40
Fleurette, dr. 3 a. 40
Anacharsis, v. 1 a. 30
La Traite des Noirs, dr. 50
Manette, com.-v. 1 a. 40
Karl, dr. 4 a. 40
La Croix d'or, c.-v. 2 a. 40
Un Père, mél. 3 a. 40
Le Vendu, tabl. pop. 1 a. 30
Jeanne de Flandre, mél. 40
L'If de Croissey, c.-v. 40
Une Chaumière et son Cœur. 40
Cornaro, parodie d'Angelo. 40
Une Camarade de Pension, 3 a. 40
Cromwell, dr. 5 a. 50
Marais-Pontins, v. 2 a. 30
Mathilde, com. 3 a. 40
Ombre du Mari, v. 2 a. 30
Amours de Faublas, bal. 3 a. 30
Porte-Faix, op.-c. 3 a. 40
On ne passe pas, v. 1 a. 30
Ma Femme et mon Parapluie. 30

Micheline, op.-c. 1 a. 30
Le Violon de l'Opéra, 1 a. 30
La Prova d'un opéra seria. 1 a. 30
Alda, op.-c. 1 a. 30
Jacques II, dr. 4 a. 40
Mon Bonnet de nuit, v. 30
Fille mal élevée, c.-v. 2 a. 40
La Berline de l'Emigré, d. 5 a. 50
Un de ses Frères, v. 30
Les deux Reines, op.-c. 30
La Mère et la Fiancée. 40
Le Curé de Champaubert, v. 40
L'Habit ne fait pas le moine. 40
Marguerite de Quélus, d. 3 a. 40
Les Mineurs, mél. 3 a. 40
L'Agnès de Belleville, 3 a. 40
Plus de jeudi, v. 2 a. 30
Les Créoles, en 2 actes. 40
Pauvre Jacques, c.-v. 1 a. 30
Un Roi en vacances, v. 3 a. 40
Madelon Friquet, v. 2 a. 40
L'Aumônier du régiment, 1 a. 40
L'Octogénaire, c.-v. 1 a. 30
Chérubin, c.-v. 2 a. 30
Cosimo, opéra-bouffon, 2 a. 40
Testament de Piron, v. 1 a. 30
La Périchole, v. 1 a. 30
Un Mariage sous l'empire, v. 2 a 40
La Pensionnaire mariée, c.-v. 40
Le Jugement de Salomon, 1 a. 30
Le Mariage raisonnable, 1 a. 30
La Tirelire, com.-v. 1 a. 40
Les Bédouins en voyage. 30
La Femme qui se venge, v. 30
La Tache de sang, dr. 3 a. 40
Toniotto, dr. 3 a. 40
La Savonette impériale, v. 40
André, vaud. 2 a. 40
En attendant, c.-v. 2 a. 40
La Femme du peuple, tabl. 30
Zazezizozu, féerie en 4 a. 40
La Fille de Cromwell, v. 30
Jean-Jean, parod. en 5 pièc. 50
La Sonnette de nuit, c.-v. 1 a. 30
Une loi anglaise, c.-v. 2 a. 40
Le Mémoire d'un père, 1 a. 30
La Fiole de Cagliostro, v. 40
Paris dans la Comète, revue. 30
Infidélités de Lisette, v. 3 a. 40
Aurélie, drame en 4 a. 40
Valentine, dr.-vaud. 2 a. 40
Coquelicot, vaud. 3 a. 40
Plus de loterie, vaud. 1 a. 30
Pensionnat de Montereau. 30
Elle n'est plus, vaud. 1 a. 30
Actéon, par M. Scribe. 30
La Folle, dr. 3 a. 40
Le Gamin de Paris, c.-v. 2 a. 40
Le Transfuge, dr. 3 a. 40
Sous la Ligne, vaud. 1 a. 30
Madeleine, com.-v. 2 a. 40
M. et Madame Galochard. 30
Les Chansons de Désaugiers. 50
La Fille de la Favorite, 3 a. 40
Art de ne pas payer son terme. 30
Coliche, com.-vaud. 1 a. 30
Clémentine, com.-vaud. 1 a. 30
Gil-Blas, vaud. 3 a. 40
Jérusalem délivrée. 50
Le Prévôt de Paris, mél. 3 a. 40
Renaudin de Caen, c.-v. 2 a. 40
Ghut! 2 actes, par Scribe. 40
Héloïse et Abeilard, dr. 5 a. 50
La Laide, dr. 3 a. 40
L'Enfant du Faubourg, v. 3 a. 40
L'Ingénieur, dr. 3 a. 40
Changée en nourrice, v. 2 a. 40
Les Chaperons blancs, op.-c. 40
La Marq. de Pretintaille, v. 1 a. 30
Sarah, op.-c. 2 a. 30
Sur le Pavé, v. 1 a. 30
Don Juan de Marana, myst. 50
Une St-Barthélemy, v. 1 a. 30
La Liste des notables, v. 2 a. 40
La Reine d'un jour, v. 2 a. 40
Le Démon de la Nuit, v. 2 a. 40
Un Procès criminel, c. 3 a. 50
Le Portrait du Diable, v. 1 a. 30
Mariana, com.-v. 3 a. 40
Le comte de Horn, dr. 3 a. 40

Un Bal du grand monde, v. 1 a. 30
L'Oiseau bleu, v. 3 a. 40
Le Barbier du roi d'Aragon, 3. 40
Balthazar, v. 1 a. 30
Amazampo, dr. 4 a. et 6 tab. 50
La D. de la Vauballière, d. 5 a. 50
Le Luthier de Vienne, op.-c. 30
Les Misères d'un Timbalier. 30
Le C. des Informations, v. 1 a. 30
Casanova, v. 3 a. 40
Georgine, com.-v. 1 a. 30
Mistress Siddons, c.-v. 2 a. 40
Tout ou Rien, dr. 3 a. 40
Lesctocq, v. 1 a. 30
Madame Péterhoff, v. 1 a. 30
D'Aubigné, v. 2 a. 40
Christiern, mél. 3 a. 40
Kean, dr. 5 a. par A. Dumas. 50
Le Diadesté, op.-c. 2 a. 40
Arriver à propos, v. 1 a. 30
Le Frère de Piron, v. 1 a. 30
Le Roi malgré lui, v. 2 a. 40
Le Puits de Champvert, d. 3 a. 30
Le Diable amoureux, v. 1 a. 30
Le Passé, v. 1 a. 30
Nabuchodonosor, dr. 4 a. 40
Sir Hugues, par Scribe, dr. 40
Marie, par Mme Ancelot. 40
Pierre le Rouge, c.-v. 3 a. 40
L'Homéopathie, c.-v. 1 a. 30
Théodore, vaud. 1 a. 30
L'Épée de mon Père, v. 1 a. 30
La Femme de l'Épicier, v. 1 a. 30
Dolorès, mélodrame 3 actes. 40
Un Cœur de mère, c.-v. 2 a. 40
Jaffier, dr. 5 a. 50
Les Pontons de Cadix, 1 a. 30
Les deux Coupables, v. 1 a. 30
Marion Carmélite, v. 1 a. 30
Le Muet d'Ingouville, c.-v. 2 a. 40
El Gitano, mél. 5 a. 50
Léon, drame en cinq actes. 50
Fils d'un agent de change, 1 a. 30
Le comte de Charolais, 3 a. 40
Le Mari de la Dame de chœurs. 40
Valérie mariée, dr. 3 a. 40
Roquelaure, vaud. 4 a. 50
Madame Favart, com. 3 a. 40
L'Ambassadrice, op.-c. 3 a. 40
L'Année sur la Sellette, r. 1 a. 30
Le Secret de mon Oncle, v. 1 a. 30
La Nouvelle Héloïse, dr. 3 a. 40
Gaspardo, par M. Bouchardy. 50
Le Postillon de Lonjumeau. 40
La Chevalière d'Éon, v. 3 a. 40
Austerlitz, évén. hist. 3 a. 40
Le Muet de St-Malo, v. 1 a. 30
Stradella, com. 1 a. 30
La Laitière et les 2 Chasseurs. 30
Riche et Pauvre, dr. 5 a. 50
La Champmeslé, c.-anec. 2 a. 40
Huit ans de plus, mél. 3 a. 40
Père et Fils, vaud. 1 a. 30
Les Sept Infans de Lara, d. 5 a. 50
Michel, com.-vaud. 2 a. 40
Paraviédès, dr. 3 a. 40
Le Portefeuille ou 2 Familles. 50
Riquiqui, com.-vaud. 3 a. 40
Un Grand Orateur, c.-v. 1 a. 30
Trop Heureuse, c.-v. 1 a. 30
La Vieillesse d'un grand Roi. 40
L'Étudiant et la Grande Dame. 40
La Comtesse du Tonneau, v. 2 a. 40
Le Paysan des Alpes, dr. 5 a. 50
Polly, com.-vaud. 3 a. 40
Le Bouquet de bal, c. 1 a. 30
La Vendéenne, c.-v. 2 a. 40
L'honneur de ma mère, d. 3 a. 50
Eulalie Granger, dr. 5 a. 50
Schubry, c.-v. 1 a. 30
Julie, com. 5 a. 50
L'Ange gardien, dr.-v. 3 a. 40
Miel et Vinaigre, c.-v. 1 a. 30
Paul et Pauline, c.-v. 2 a. 40
Femme et Maîtresse, c.-v. 1 a. 30
Jeanne de Naples, dr. 5 a. 50
Le Gars, dr. 5 a. 50
Un Chef-d'Œuvre inconnu. 40
Vouloir c'est pouvoir, c.-v. 2 a. 40
Mina, com.-vaud. 2 a. 40

ACTE II, SCÈNE XII.

LES CHANTEURS AMBULANTS,

COMÉDIE-VAUDEVILLE EN TROIS ACTES,

Par MM. Michel Masson et L. Bourdereau,

REPRÉSENTÉE POUR LA PREMIÈRE FOIS SUR LE THÉATRE DES FOLIES-DRAMATIQUES, LE 20 OCTOBRE 1842.

PERSONNAGES.	ACTEURS.	PERSONNAGES.	ACTEURS.
Le prince ALBERT............	M. ANATOLE.	NOÉMI, sœur adoptive de Bénédit.................	Mme MARIA ST-ALBIN.
Le marquis DE MONTEFIERO.	M. BERNARD LÉON.	FRANCESCA, amie de Noémi...	Mlle CLEMENCE-J.
PASTAFROLLE, son secrétaire.	M. BELMONT.	UNE SERVANTE	Mlle PAULINE.
BÉNÉDIT, chanteur ambulant.	M. ARMAND-VILLOT.	UNE LINGÈRE.............	Mlle DÉSIRÉE.
Le capitaine MATHÉO........	M. FERDINAND.	OFFICIERS, SOLDATS, MUSICIENS, LINGÈRES.	
SALTARELLI, musicien ambulant..............	M. MAYER.		

Le lieu de la scène est dans une principauté d'Italie.

ACTE PREMIER.

Une promenade sur les bords d'un canal; à droite, un magasin de lingerie; à gauche, l'entrée particulière d'un hôtel.

SCÈNE PREMIÈRE.

BÉNÉDIT, puis PASTAFROLLE.

BÉNÉDIT. (*Il entre par la droite, s'arrête au fond, et regarde vers la promenade. Il porte une guitare suspendue derrière le dos.*) Personne sur la promenade. Allons, puisque la fête n'est pas encore commencée, et que je suis en pays de connaissance, je vais dire un petit bonjour à notre amie mams'elle Francesca... justement voici son magasin de lingerie... je lui parlerai de ma petite Noémi... ça me fera un joli passe-temps en attendant l'heure de la recette...

Il se dirige vers le magasin et se heurte contre Pastafrolle, qui arrive par la droite; ce dernier est coiffé d'un chapeau noir à larges bords.

PASTAFROLLE, *avec humeur.* Butor !...
BÉNÉDIT, *de même.* Maladroit !...
PASTAFROLLE. Que le diable t'emporte !
BÉNÉDIT. Que le ciel vous le rende !
PASTAFROLLE, *se frottant la jambe.* Si tu regardais devant toi...
BÉNÉDIT, *se frottant l'épaule.* Nous n'aurions pas eu le plaisir de nous rencontrer. (*L'examinant.*) Eh ! mais...
PASTAFROLLE, *de même.* Ah ! diable !... c'est mon enragé de musicien !...
BÉNÉDIT. C'est mon scélérat de chapeau noir. (*Lui faisant descendre la scène.*) Avancez donc un peu ici, l'homme au grand chapeau !
PASTAFROLLE. Qu'y a-t-il, l'homme à la guitare ? je ne vous connais pas... je ne sais qui vous êtes.
BÉNÉDIT. Tu ne sais pas qui je suis ?... je vais te le dire.... je suis Léonard Chrysostome-Jean-Sylvestre-Janvier Bénédit. Paresseux par goût, musicien ambulant par état, amoureux toujours, gastronome quand je peux, ma fortune est dans la bourse du public, mon domicile est partout : voilà mes noms, qualités et demeure. Franchise pour franchise ; à ton tour, mon gaillard, tu vas me dire qui tu es.
PASTAFROLLE. Moi ? (*A part.*) Quel embarras !..... compromettre monseigneur le marquis... Que lui dire ?...
BÉNÉDIT. Encore une fois... voyons qui es-tu ?...
PASTAFROLLE, *se dégageant.* Je suis... je suis pressé, je n'ai pas le temps de vous répondre.
BÉNÉDIT, *le retenant.* Un moment !.... je ne te lâcherai pas que tu m'aies dit pourquoi depuis un mois je t'ai rencontré trois fois, dans trois fêtes publiques, tournant autour de certain petit tambour de basque.
PASTAFROLLE. Un tambour de basque !... je n'ai aucune sympathie pour cet instrument.
BÉNÉDIT. Ah ! tu sais bien que c'est de Noémi que je veux parler... de Noémi, ma sœur d'adoption, ma future, ma fiancée, et comme je te soupçonne d'avoir de mauvais desseins contre elle, tu vas me payer cher les inquiétudes que m'a causées ton immense chapeau noir.
PASTAFROLLE, *à part...* Je suis perdu !... Non, je suis sauvé !...
BÉNÉDIT. Attends un peu !..
Il fait le simulacre de se débarrasser de sa guitare.
PASTAFROLLE, *le calmant.* Arrêtez, fougueux ménestrel ; il ne s'agit point de votre sœur Gertrude.
BÉNÉDIT. Noémi.
PASTAFROLLE. Je n'ai qu'un mot à vous dire ; je suis l'homme de confiance, le majordome d'une princesse étrangère... et sensible..... Vous comprenez que ce n'est pas du tambour de basque qu'il s'agit.
BÉNÉDIT, *riant.* Bah ! de la guitare, peut-être ?
PASTAFROLLE. Vous êtes pétri d'intelligence.
BÉNÉDIT. Intrigant de majordome !..... Quel métier pour un homme d'âge, et quel chapeau !.... Ah !.... c'est à moi qu'on en veut ?
PASTAFROLLE. Oui.... mystère et silence.
BÉNÉDIT. Pardieu !... je ne m'en vanterai pas..... il s'agit de quelque douairière, sans doute ?... Au fait, jeune ou vieille, j'en suis fâché pour votre princesse étrangère..... et sensible... je suis fixé.

AIR *de Julie.*
Vous pouvez me trouver fantasque,
Mais je l'avouerai sans détour,
J' préfèr' mon p'tit tambour de basque
Aux nobles beautés de la cour.
De la grandeur mon cœur se fiche,
Je suis, chacun vous le dira,
Amoureux comme un angora,
Mais fidèle comme un caniche.

Il entre dans le magasin.

SCÈNE II.

PASTAFROLLE, *seul.*

A merveille.... voilà ses soupçons détournés... le niais ! il me prend pour l'obscur messager d'une femme..... moi, Pastafrolle, le secrétaire intime de l'illustre marquis Pandolphe de Montefiero, l'homme d'état le plus fin et le plus gros de tout le grand duché.... Mais il faut ici cacher notre rang.... il y va du succès d'une mystérieuse entreprise.... Quelqu'un vient de ce côté... c'est lui, mon noble maître.... un étranger l'aborde.... Eh non ! je ne me trompe pas... c'est le prince Albert..... le fils du grand duc..... par quel hasard est-il aussi dans ce pays ? Ceci n'est point mon affaire.... pendant qu'ils causent ensemble... songeons aux projets de monseigneur... je vais à la découverte.

Il disparaît par la gauche, tandis que le Marquis et Albert entrent par la droite.

SCÈNE III.

LE MARQUIS, ALBERT.

ALBERT. Allons, soyez franc, marquis, vous cherchiez à m'éviter.
LE MARQUIS. Moi, par discrétion, prince...

depuis un an tout le monde vous croit en France, et je vous rencontre dans cette petite ville, à pied, sans suite..... j'ai supposé que votre Altesse désirait garder l'incognito.

ALBERT. Vous avez deviné cela... Peste ! vous ne manquez pas de pénétration.

LE MARQUIS. Je m'en flatte... je dois en avoir... je suis un homme d'état... Donc, il s'agit d'un secret.

ALBERT. Oui... d'un grand secret... mais à vous, qui avez été mon gouverneur, je puis, sans danger, parler d'un amour que tout le monde ignore.

LE MARQUIS. Vous êtes amoureux ?... et à l'insu de votre père !... Ah ! prince, est-ce là le fruit de mes leçons ? Avez-vous donc oublié qu'à la cour on ne peut disposer de son cœur sans la permission du grand-duc ?

ALBERT. Je connais sa sévérité..... je me rappelle la persécution qu'il a jadis exercée contre son frère, le prince Léopold, pour le punir d'un mariage secret... mais mon amour est plus fort que la crainte du courroux de mon père.

LE MARQUIS. C'est donc une passion ?

ALBERT. Vous l'avez dit : j'aime, et depuis longtemps, une jeune fille modeste, naïve, qui par ses vertus et sa beauté mérite de porter couronne.

LE MARQUIS. Une vertu de cet acabit-là !... c'est bien fort... surtout dans le duché qui en produit si peu.... Que de stratagèmes elle a dû employer pour vous fixer !

ALBERT. Ah ! le plus puissant de tous, la franchise... oui, heureuse de l'amour que je lui inspirais, et ne voyant en moi qu'un simple officier, car j'ai pris soin de lui cacher mon rang, elle m'avoua avec une candeur adorable que son cœur répondait au mien.

LE MARQUIS. Fort bien, je vois la suite.

Air : *Depuis longtemps j'aimais Adèle.*

Pardonnez-moi si je hasarde
Un tel soupçon... la belle vous céda...

ALBERT.
Une simple fleur que je garde,
C'est tout ce qu'elle m'accorda.

LE MARQUIS.
C'est un calcul fort adroit, je le jure.
Tant de semé, tant de produit.
J'en répondrais, l'innocente était sûre
Que la fleur porterait son fruit.
Car chaque fleur, oui, chaque fleur porte toujours son fruit.

Aussi, mon noble élève, vous renoncerez à cette obscure conquête.

ALBERT, *à part.* Obscure... moins qu'il ne le pense. (*Haut.*) Non, marquis, je n'y renoncerai pas.... Forcé de m'éloigner de celle que j'aime... quand mon père m'ordonna de voyager en France, c'est pour la revoir que je viens secrètement dans ce pays,
tandis que mes équipages et ma suite continuent leur chemin du côté de la résidence... Déjà j'ai envoyé une personne de confiance la prévenir de mon retour... le village qu'elle habite n'est qu'à deux lieues d'ici... Bientôt je serai auprès d'elle... Quel bonheur ! après un an d'absence !

LE MARQUIS. Il y a un an que vous l'avez quittée ?... Cela me rassure pour vous.... sa fidélité se sera lassée d'une aussi longue attente... je connais les femmes !

ALBERT. Vous voyez de la perfidie partout.

LE MARQUIS. Je suis diplomate.

ALBERT. Serait-ce en cette qualité que je vous rencontre ici et dans cet accoutrement... modeste ?

LE MARQUIS. Ridicule, dites le mot... Oui, prince, voici un mois que je voyage ainsi.... Qui dirait en me voyant que c'est là le superbe marquis de Montefiero ?... je suis affreux !... je ne me reconnais pas !

ALBERT. Ce déguisement... ce mystère... mon cher gouverneur, il y a sous jeu quelque intrigue.... amoureuse, peut-être ?

LE MARQUIS, *se récriant.* Ah ! par exemple !

PASTAFROLLE, *s'approchant mystérieusement du Marquis.* Monseigneur !

ALBERT. Quel est cet homme ?

LE MARQUIS. C'est Pastafrolle, mon secrétaire intime... sa discrétion égale sa laideur.

PASTAFROLLE, *au Marquis.* Elle est ici...

LE MARQUIS. Veux-tu te taire !

ALBERT, *riant.* Ah ! elle est ici.... vous voyez donc bien qu'il s'agissait d'une femme... Allons, marquis, soyez heureux dans vos amours... je vous laisse à vos affaires, et je vais aux miennes... Bonne chance !

ENSEMBLE.

Air *de Giselle.*

Je vais la voir après un an d'absence,
Ce doux moment nous rendra nos beaux jours.
Mon cœur épris compte sur sa constance,
Elle a juré d'éternelles amours.

LE MARQUIS, *à part.*
Je ris vraiment de son extravagance :
Quand la vertu succombe tous les jours,
Après un an il veut de la constance,
Il croit encore aux fidèles amours.

PASTAFROLLE, *à part.*
Pour nos projets j'entrevois bonne chance,
Un sort heureux nous sourit en ce jour.
Si le destin comble notre espérance,
Que de profits je moissonne à mon tour !

Albert sort.

SCÈNE IV.

LE MARQUIS, PASTAFROLLE.

LE MARQUIS. Tu dis donc, Pastafrolle, qu'elle est ici ?

PASTAFROLLE. Oui, monseigneur, elle est dans le faubourg de la ville, et dans quelques instants elle doit venir sur cette place.

LE MARQUIS. Bravo, je vais donc enfin me reposer de mon existence vagabonde !

PASTAFROLLE. Ah ! votre position est fatigante ; car depuis un mois vous êtes à la poursuite de toutes les orphelines que je parviens à dépister.

LE MARQUIS. C'est qu'il m'en faut une à tout prix... et je l'aurai... quand je devrais la faire moi-même..... il y va de mon bonheur !

PASTAFROLLE. Aussi, que de peines vous vous donnez pour découvrir l'objet de vos recherches !

LE MARQUIS. Je compromets indignement mon illustre blason... je fais le pied de grue... j'escalade des balcons..... je me cache dans des armoires..... et quelles armoires !..... et quand je crois avoir mis la main sur un sujet convenable, il se trouve que mon orpheline a au moins un père... c'est décourageant !

PASTAFROLLE. Heureusement que la petite en question vous convient parfaitement... tournure avantageuse... physique agréable... et famille totalement inconnue.

LE MARQUIS. Tu en es bien sûr ? Au surplus, je l'interrogerai moi-même... Mais tout est-il prêt pour la recevoir ?

PASTAFROLLE. Oui, monseigneur..... les bijoutiers, les modistes et les lingères sont encore dans l'hôtel.

LE MARQUIS. Fort bien : je vais m'offrir aux regards de ces prolétaires... Toi, cours au devant de la petite... suis ses pas... et viens me prévenir lorsqu'elle sera ici.

PASTAFROLLE. Je vais déployer toute mon intelligence.

LE MARQUIS. Ça ne sera pas long !

Le Marquis entre dans l'hôtel. Pastafrolle s'éloigne par le fond. Bénédit sort du magasin.

SCENE V.

BÉNÉDIT, puis FRANCESCA ET LES LINGÈRES, sortant de l'hôtel.

BÉNÉDIT. Notre amie Francesca n'y est pas... ma foi, je l'ai assez attendue... je vais donner un coup d'œil du côté de la fête...

Il fait quelques pas.

FRANCESCA, à la cantonade. J'espère que monsieur le marquis sera content.

BÉNÉDIT. Ah ! la voilà enfin !.... Bonjour, jolies lingères.

LES LINGÈRES. Tiens ! monsieur Bénédit !

FRANCESCA. Vous, ici ?...

BÉNÉDIT. Depuis une heure, là, dans le magasin, où j'attendais votre retour... Comment, mademoiselle Francesca, vous, une jeune personne si distinguée, si bien élevée... plutôt demoiselle de compagnie que de comptoir, vous portez en ville ?

FRANCESCA. Ah ! pour cette fois seulement..... il s'agit d'objets précieux dont la surveillance ne pouvait être confiée qu'à moi... Vous venez pour la fête du pays, n'est-ce pas ?...

BÉNÉDIT. Justement, et j'apporte avec moi mon orchestre pour assouvir la voracité musicale d'une population qui, soit dit entre nous, est bien digne d'avoir du son. (*Il râcle sur sa guitare.*) Mais on vous verra aussi à cette fête, j'espère ?...

TOUTES. Certainement !

FRANCESCA. Oui, ces demoiselles iront... Quant à moi, je resterai : je n'aime ni le bruit ni la foule.... l'isolement seul me plaît.

BÉNÉDIT, à part. Elle a des peines de cœur... On m'a parlé de ça.

FRANCESCA. Mais où est donc Noémi, notre amie ?..... Pourquoi n'est-elle pas avec vous ?...

BÉNÉDIT. Noémi et moi, c'est fini..... on ne nous rencontrera plus sous le même parapluie.

TOUTES. Ah !...

FRANCESCA. Que voulez-vous dire ? et votre projet de mariage ?

BÉNÉDIT. Mais il va notre mariage, il va plus que jamais... C'est justement pour faire le plus joli petit ménage qu'on puisse voir que nous avons renoncé à être ensemble. Il le fallait dans l'intérêt de la morale.... et de nos finances. Noémi est sensible, j'ai un cœur ; elle est jolie, j'ai des yeux ; elle a des principes, moi de l'imagination... Tout cela donnait lieu à des scènes que je ne décrirai pas devant ces demoiselles... Bref, cet état d'irritation continuelle finissait par nuire à notre industrie philharmonique... Aussi, nous nous sommes partagé les fêtes du pays.... Vos oreilles m'appartiennent ; elles sont sur mon itinéraire ; Noémi a le sien, et nous n'en démordrons pas.

FRANCESCA. Oh ! sous le rapport des convenances, ce que vous avez fait est bien ; mais comme calcul, je ne sais pas ce que vous y gagnez, car lorsqu'on chante à deux on doit faire recette double.

BÉNÉDIT. Oui, quand on chante... mais quand on cause tête à tête de ses petites affaires de ménage, d'un bonheur qui commencera bientôt, d'un amour qui ne finira jamais, les heures se passent, la fête aussi, et lorsque enfin on va commencer le grand duo généralement attendu, adieu le public, il est allé se coucher.

Air *de Turenne.*

Voilà comment de chaque fête
Nous savons mettre à profit les instants.
Nous oublions dans un doux tête-à-tête,
  A nos seules amours constants,
  L'univers, notre art et le temps.
Jusqu'à minuit, félicité complète ;
Quand on a bien laissé parler son cœur,
  On n'a pas manqué de bonheur,
  Mais on a manqué la recette.

Et c'est ce qui nous arrivait toujours.

FRANCESCA. Je comprends... Comme on ne se marie pas sans argent, la noce se trouvait ajournée...

BÉNÉDIT. Indéfiniment ! Et pour en finir, nous avons pris héroïquement la résolution de ne nous revoir qu'au bout de six mois. (*Avec un soupir.*) Heureusement qu'il a déjà quelque temps d'écoulé !

FRANCESCA. Et combien de temps ?

BÉNÉDIT. Demain soir il y aura trois jours que nous nous sommes quittés pour la dernière fois. (*Les Lingères rient.*) Ne riez pas, mesdemoiselles ; c'est très-sérieux. Ah ! mamselle Francesca, si vous aviez pu nous voir au moment suprême de la séparation, tous deux à la porte de l'auberge. « Ta main, Noémi ? — La voilà, Bénédit. — A présent, un petit baiser ? — Je ne veux pas, monsieur. — Eh bien, donc, ce sera pour dans six mois ! — Oui, dans six mois. » Alors elle partit de son côté, moi du mien, dos à dos... De temps en temps, je me retournais pour la voir encore ; elle aussi. Enfin, arrivé chacun à l'extrémité opposée de la route, j'eus l'heureuse inspiration de lui souffler de loin un baiser ; elle tendit son tambour de basque pour le recevoir ; aussitôt elle m'en renvoya un autre, je le reçus sur ma guitare... Vous me croirez si vous voulez, elle a chanté... ma parole d'honneur, ma guitare a chanté !

FRANCESCA. Vous êtes un bon garçon, Bénédit. (*A part.*) Ah ! si tous ceux qu'on aime savaient aimer ainsi !

Bruit de musique au dehors.

BÉNÉDIT, *regardant au fond*. Quel tintamarre sur la place !... Parbleu ! c'est la fête qui commence, et moi qui oublie... Ah ça, mesdemoiselles, entre amis on agit sans façon... je vous fais perdre votre temps, et moi je perds peut-être l'occasion d'une recette. Ma guitare est d'accord, je suis en voix, je vais filer des sons dans l'intérêt de mon mariage.

FRANCESCA. Et nous, mesdemoiselles... au magasin.

BÉNÉDIT.

Air : *Ma patrie, mes amours* (Masini).

Pas d' bonheur sans richesse,
Car l'hymen veut de l'or ;
Il faut donc que j' m'empresse
De grossir mon trésor.
Je m'en vais sur la place,
Pendant que j' suis en train,
Pour augmenter la masse,
Gagner l' premier florin.
Pas d' bonheur sans richesse, etc.

TOUTES.

Pas d' bonheur sans richesse,
Car l'hymen veut de l'or.
Il faut donc qu'il s'empresse
De grossir son trésor.

Bénédit sort par la droite en courant. Les Lingères rentrent dans le magasin. On aperçoit Pastafrolle qui arrive mystérieusement.

SCÈNE VI.

PASTAFROLLE, *puis* NOÉMI.

PASTAFROLLE. Voici la petite... il n'y a personne sur cette place... vivat ! Allons promptement avertir mon maître. Chanteuse ambulante, tu ne soupçonnes pas le sort qui t'attend auprès de monseigneur le marquis !

A l'entrée de Noémi, il rentre dans l'hôtel.

NOÉMI.

Air : *Petite fleur des bois.* (Masini.)

Comme l'oiseau des bois
Qui gentiment murmure,
Sans art de la nature
Je suis les simples lois.
Sans posséder sa voix,
Sa voix pure et touchante,
Je chante, je chante
Comme l'oiseau des bois.

Je chante à mon réveil.
Il ne faut à ma vie
Qu'un souffle d'harmonie,
Qu'un rayon de soleil.
Moi, petite chanteuse,
Partout je suis heureuse.
N'ai-je point ma gaieté,
L'amour, la liberté ?..
Comme l'oiseau des bois, etc.

A la fin du couplet, le Marquis sort de l'hôtel.

SCÈNE VII.

LE MARQUIS, NOÉMI.

LE MARQUIS, *à part*. Il s'agit d'entrer en pourparler avec mon orpheline. (*S'avançant et offrant une pièce de monnaie à Noémi.*) Tenez, ravissante fauvette...

NOÉMI. Plaît-il ? comment ! une pièce d'or !

LE MARQUIS. C'est le prix du talent... vous avez charmé mes oreilles.

NOÉMI. J'en suis bien aise pour elles... Mais comme dans ce moment je ne chant que pour moi, je ne veux rien recevoir; il n'est pas juste qu'on me paye le plaisir que je me donne.

LE MARQUIS. Vous refusez?

NOÉMI, *se ravisant.* Non; au fait, j'accepte, ça augmentera le magot du ménage.

LE MARQUIS, *stupéfait.* Du ménage! Vous êtes mariée?

NOÉMI. Pas encore... mais bientôt... dans six mois. Ah ça, vous êtes bien curieux! qu'est-ce que ça vous fait?

LE MARQUIS. Je m'intéresse à vous. Ayant entendu dire que vous voyagiez seule, que vous étiez sans famille...

NOÉMI. Sans famille! Qu'est-ce que vous dites donc? j'en ai une, au contraire.

LE MARQUIS, *à part, au comble de l'étonnement.* Elle a une famille! Ah! ce gueux de Pastafrolle m'a induit... il me plonge dans une complication d'orphelines qui ont toutes des parents.

NOÉMI. Oui, monsieur! père, mère, oncle, tante, cousins, cousines, etcétéra; il ne me manque rien.

LE MARQUIS, *accablé, à part.* Elle est au grand complet!

NOÉMI, *poursuivant.* J'ai tout cela en une seule personne... et cette personne, c'est Bénédit, mon frère, que je vais épouser.

LE MARQUIS, *scandalisé.* Vous allez épouser votre frère?

NOÉMI. D'adoption!

LE MARQUIS, *avec satisfaction, à part.* Ah! je m'épanouis!... (*A Noémi.*) Ainsi vous avez été adoptée...

NOÉMI. Par un pauvre musicien ambulant, le père de Bénédit. Oui, monsieur, il me recueillit, moi, jeune orpheline, qu'on avait abandonnée sur une route.

LE MARQUIS, *à part.* A merveille! c'est juste ce qu'il me faut.

NOÉMI. Malgré sa misère, le digne homme m'a élevée comme si j'avais été son enfant. Il m'apprit son état, le plus beau de tous, disait-il, il ne connaissait que celui-là; et tout petits, il nous emmenait, Bénédit et moi, chanter sur la place publique. Le soir, quand nous rentrions, il partageait également entre nous deux ses caresses et les provisions du souper... souvent plus de baisers que de pain. C'est égal, on allait se coucher par là-dessus, et je vous assure que jusqu'au lendemain on dormait de bon cœur.

LE MARQUIS. Je crois bien; vous n'aviez pas l'estomac trop chargé, la digestion était facile.

NOÉMI. Pauvre père! quelle douleur quand nous l'avons perdu!

AIR : *Ne crois pas, ô mon ange.*
En ce moment funeste,
Il me dit : Noémi,
Mon Bénédit te reste,
Tu n'es pas sans ami.
Il nous unit du geste,
Et puis... tout fut fini.
Vous le voyez, sur terre
Je n'ai d'appui,
Je n'ai d'ami,
Je n'ai de frère
Que lui!

LE MARQUIS, *jouant l'attendrissement.* Votre récit m'a vivement ému... j'ai l'œil humide. Aussi je veux contribuer à votre fortune, et comme aujourd'hui je donne une fête dans cet hôtel, je compte sur votre talent pour l'embellir.

NOÉMI. Volontiers... d'autant plus que vous m'avez payée d'avance.

LE MARQUIS. Oh! ce n'est rien encore auprès de ce que je vous ménage!

NOÉMI. Allons, je vois que je ferai de bonnes affaires avec vous.

LE MARQUIS. D'excellentes... Suivez-moi!

NOÉMI. Un moment... il faut d'abord que je dise bonjour à une de mes amies qui demeure là dans ce magasin, et puis, après, mes chansons et mon tambour de basque seront tout à votre service.

UNE LINGÈRE *dans l'intérieur du magasin.* Mam'selle Francesca, voilà Noémi.

NOÉMI. Tenez, vous entendez! on m'a vue... ainsi je vous quitte. A bientôt!

LE MARQUIS. Vous viendrez... pour sûr?

NOÉMI. Je vous le promets.

LE MARQUIS, *à lui-même.* Victoire! la fauvette ne m'échappera pas. Je vais tendre mes filets.

AIR : *Souvenirs de Vienne.* (Strauss.)
C'est entendu.

NOÉMI.
Bien entendu.

LE MARQUIS.
C'est convenu.

NOÉMI.
Bien convenu.

LE MARQUIS.
Oui, j'ai l'espoir...

NOÉMI.
Ayez l'espoir...

LE MARQUIS.
De vous revoir.

NOÉMI.
De me revoir.

Le Marquis rentre dans l'hôtel, Francesca sort du magasin.

SCÈNE VIII.

NOÉMI, FRANCESCA.

FRANCESCA, *accourant.* Est-il possible! C'est toi, Noémi?

NOÉMI. Sans doute! Comme tu me dis ça! j'ai l'air de tomber ici comme un événement.

FRANCESCA. Je suis si surprise de te voir...

NOÉMI. Est-ce que ce n'est pas aujourd'hui la fête du pays?

FRANCESCA. Mais ta convention avec Bénédit?

NOÉMI, *étonnée*. Ma convention! Qui a pu te dire?

FRANCESCA. Lui-même.

NOÉMI. Bénédit!

FRANCESCA. Il est ici.

NOÉMI. En vérité! mais c'était à moi d'y venir.. et c'est lui!... J'aurais dû m'y attendre! ce garçon-là n'en fait jamais d'autres; il est incorrigible! avec lui impossible de se séparer, il faut toujours qu'il me précède ou qu'il me suive.

FRANCESCA. Il t'aime tant!

NOÉMI. Le beau mérite! est-ce que je ne le lui rends pas?... Mais, à propos d'amour, et les tiennes? Eh bien, l'as-tu revu, ton jeune officier?

FRANCESCA. Non.

NOÉMI. Et pas de nouvelles?

FRANCESCA. Pas de nouvelles; impossible même de savoir s'il m'en a fait parvenir... car, tu le sais, après son départ, je dus quitter le village où il m'avait connue; ceux qui avaient pris soin de mon enfance voulaient me contraindre à un mariage qui m'eût pour toujours séparée de lui, et j'ai tout abandonné pour rester fidèle à celui qui a reçu mes serments.

NOÉMI. Je me reconnais là; si l'on voulait me séparer de Bénédit, j'abandonnerais tout aussi.

FRANCESCA. Bénédit! tu es bien sûre de le retrouver toujours! mais lui, le reverrai-je jamais?

NOÉMI. Aussi pourquoi diable vas-tu t'aviser d'aimer un inconnu?

FRANCESCA. Et comment ne pas l'aimer? il est le seul qui m'ait parlé de mon père dont je n'ai jamais su le nom, et qui mourut sans m'avoir embrassée... Car je suis orpheline comme toi, Noémi; tout est mystère dans ma destinée... Ces secours qu'on adressait pour moi à ceux qui m'ont élevée, j'ignore qui les envoyait; mais que leur arrivée me causait de joie! ils rendaient moins cruels envers moi mes soi-disant protecteurs, et toujours, c'était l'annonce d'une heureuse visite; car le jour même, je le revoyais, lui, mon seul ami!

NOÉMI. Il est bien oublieux, ton seul ami. Il part un jour en te disant: Attends-moi, je reviendrai bientôt... et depuis, tu n'as plus entendu parler de lui.

FRANCESCA. Une année d'écoulée déjà!... Non, je n'ai plus d'espoir.

NOÉMI. Pauvre Francesca!... Oh! c'est égal! je l'ai mis dans ma tête, tu seras heureuse aussi... Je le découvrirai, celui que tu aimes; il a sans doute perdu tes traces; compte sur moi, je le remettrai dans le bon chemin.

Les Lingères sortent du magasin.

UNE LINGÈRE. Oui, c'est une bonne idée... Allons-y tout de suite.

FRANCESCA. Où donc?

LA LINGÈRE. Prévenir monsieur Bénédit qui est là sous les premiers arbres de la promenade.

NOÉMI, *regardant à gauche*. C'est vrai, le voilà entouré de spectateurs. Non, restez, mesdemoiselles; je vais m'annoncer moi-même.

Elle va regarder au fond, redescend la scène et prélude sur son tambour de basque. Francesca et les Lingères se groupent autour d'elle.

~~~~~~~~~~~~~~~~~~~~~~~~~~~~~~~~~~~~

SCÈNE IX.

LES MÊMES, SPECTATEURS, *puis* BÉNÉDIT.

Des Spectateurs arrivent successivement du fond, et se placent autour de Noémi.

NOÉMI. Messieurs et mesdames, je vais vous chanter le Frère et la Sœur ou les deux Musiciens ambulants.

Air *des deux Savoyards* (de Bérat).

Mon frère, (*bis*) de tout là bas, là-bas, là-bas,
Mon frère, (*bis*) ton cœur ému n'entend-il pas
La voix que la tienne accompagne
Dans la joie et dans la douleur?
C'est ton amie et ta compagne, (*Bis.*)
Ta compagne, c'est le bonheur.

Amour discret, fleur d'innocence;
On les nommait ainsi tous deux
Unis de cœur depuis l'enfance,
Nul ne savait aimer comme eux.
Pour triompher de la fortune avare,
De son côté chacun cherche un trésor.
De loin, la sœur, quand le sort les sépare,
Qu'ils vont chantant, dans l'espoir d'un peu d'or,
Pour prolonger l'adieu, disait encor.

BÉNÉDIT, *entrant en courant*. Eh bien! qu'est-ce qui a donc effarouché mon public? plus un chat autour de moi. Hein? que vois-je! Noémi! encore un de ses tours!... A mon poste.

Il se glisse dans la foule et va se placer aux côtés de Noémi.

NOÉMI, *reprenant l'air*.

Mon frère!...

BÉNÉDIT.

Ton frère!...

ENSEMBLE.

De tout là-bas, là-bas, là-bas.

NOÉMI.

Mon frère,

BÉNÉDIT.
Ton frère,

ENSEMBLE.
Peux-tu croire qu'il n'entend pas

NOÉMI.
Ton cœur ému n'entend-il pas
La voix que la tienne accompagne,

BÉNÉDIT.
La douce voix qu'il accompagne,

NOÉMI.
Dans la joie et dans la douleur?

BÉNÉDIT.
Dans la joie et dans la douleur?

NOÉMI.
C'est ton amie et ta compagne.
Ta compagne, c'est le bonheur.

BÉNÉDIT.
C'est mon amie et ma compagne,
Ma compagne, c'est le bonheur.

BÉNÉDIT. Attention au deuxième couplet.

NOÉMI, *même air.*
Amant constant!...

BÉNÉDIT.
Femme fidèle!...

ENSEMBLE.
Vous que le destin sépara,

NOÉMI.
Donnez pour lui.

BÉNÉDIT.
Donnez pour elle.

ENSEMBLE.
Donnez, l'amour vous le rendra.

BÉNÉDIT.
Le bien qu'on fait à soi-même est prospère;
De notre hymen hâtez donc l'heureux jour.

NOÉMI.
Et de l'absent que votre cœur espère
Dieu, qui voit tout, hâtera le retour.

ENSEMBLE.
Vous pourrez dire enfin à votre tour...

NOÉMI.
Mon frère, (*bis*) de tout là-bas, là-bas, là-bas,
Mon frère, (*bis*) pour me revoir presse le pas.
Entends la voix qui t'accompagne
Dans la joie et dans la douleur;
C'est ton amie et ta compagne,
Ta compagne, c'est le bonheur.

BÉNÉDIT.
Ton frère, (*bis*) de tout là-bas, là-bas, là-bas,
Ton frère, (*bis*) pour te revoir, presse le pas.
J'entends ta voix qui m'accompagne
Dans la joie et dans la douleur;
C'est mon amie, c'est ma compagne,
Ma compagne, c'est le bonheur.

BÉNÉDIT. Allons, les amateurs, un peu de courage à la poche! la caisse est ouverte; ne craignez pas de nous humilier... si vous n'avez pas d'argent sur vous, donnez de l'or; nous recevons tout, même les billets de banque.

Il continue sa quête.

CHOEUR.
AIR NOUVEAU de M. Couder.
La fête sera belle,
Puisque Noémi
Est ici.

Chacun dit autour d'elle:
Vraiment,
C'est un talent
Charmant!

Les Spectateurs, les Lingères sortent de différents côtés.

SCÈNE X.

FRANCESCA, NOÉMI, BÉNÉDIT.

BÉNÉDIT, *donnant l'argent à Noémi.* Tiens, Noémi, voilà la recette, elle est assez rondelette, j'espère... Ah! diable! il y a trois piécettes effacées et six monacos douteux; je voudrais bien connaître ceux qui se sont permis de nous prendre pour des aveugles, ça ne peut être que des sourds.

NOÉMI, *prenant l'argent.* C'est bon, monsieur, puisque nous voilà seuls enfin, je suis bien aise d'avoir une explication avec vous devant Francesca.

BÉNÉDIT. Une explication?... et tu me dis cela d'un air fâché; c'est d'abord d'un petit bonjour qu'il s'agit... Tiens! voilà le mien...

Il va pour l'embrasser, Noémi se fait un rempart de son tambour de basque, et c'est celui-ci qui reçoit le baiser.

NOÉMI. On ne passe pas.

FRANCESCA. Ce pauvre garçon, comme tu le reçois!

NOÉMI. Comme il le mérite; ça lui apprendra à me prendre mon public, mes fêtes...

BÉNÉDIT. Noémi, vous n'êtes pas juste...

NOÉMI. Alors, pourquoi donc vous retrouvé-je ici, quand nous devrions être aujourd'hui à six lieues de distance?

BÉNÉDIT. Ah bien! c'est bon! la question est curieuse! c'est elle qui court après moi, et elle se plaint de la rencontre.

FRANCESCA. Oui, ne vas-tu pas te fâcher parce que la sympathie vous rapproche encore?

NOÉMI. Il n'y a pas de sympathie là-dedans... Je vous dis que cette rencontre est un fait exprès.

BÉNÉDIT. Elle en convient! Ah! Noémi, que c'est gentil de ta part!

NOÉMI.

AIR: *Ses yeux disaient tout le contraire.*

A sa joie on ne comprend rien,
A Francesca.
N'importe, elle me rend heureuse.
A Bénédit.
J'n'ai pas couru, sachez-le bien,
Après vous, j'en s'rais trop honteuse.

BÉNÉDIT.
Eh! bien, non, tu ne courais pas,
Mais pour revoir celui qui t'aime,
Tes jolis pieds cheminaient à p'tits pas,
Et ça r'venait toujours au même.
Tu t'rapprochais toujours à petits pas,
Et pour moi ça r'venait au même.

NOÉMI. Ah! par exemple, voilà qui est d'une effronterie!... quand j'ai si bien suivi mon chemin!

BÉNÉDIT. Mais moi, je ne me suis pas écarté de ma route; je peux le prouver, voici mon itinéraire. *Il tire un papier.*

NOÉMI, *même jeu.* Et voici le mien!...

BÉNÉDIT, *donnant son itinéraire à Francesca.* Je vous en fais juge, mademoiselle Francesca.

NOÉMI, *de même.* Oui, compare, et dit qui de nous deux a manqué à la convention.

FRANCESCA, *souriant après avoir vérifié.* Personne, mes amis.

NOÉMI. Personne!

FRANCESCA. Non... car les deux listes sont absolument semblables; elles ont été copiées l'une sur l'autre.

NOÉMI. Se peut-il?

BÉNÉDIT. C'est pourtant vrai.

NOÉMI. Ainsi, nous ne nous étions séparés que pour mieux voyager ensemble.

BÉNÉDIT. A qui la faute?

NOÉMI. Ma foi, je n'en sais rien.

BÉNÉDIT. Ni moi non plus. Ainsi, tu le vois, Noémi, pas moyen de vivre l'un sans l'autre; nous aurons beau faire encore le serment de ne pas nous revoir, ça sera des adieux à recommencer tous les jours. D'abord moi, je me connais, je ne pourrai pas me dispenser de me tromper de chemin.

NOÉMI. Mais alors quel parti prendre?

FRANCESCA. Tenez, mes amis, si vous m'en croyez, ce que vous avez de mieux à faire, c'est d'en finir et de vous marier tout de suite.

BÉNÉDIT. Ah! voilà une bonne idée... je l'avais, mais je n'osais pas en parler.

NOÉMI. C'est absolument comme moi, car j'y pensais aussi.

BÉNÉDIT. Vraiment! voyez-vous la sournoise! Eh bien, puisque nous sommes d'accord, je vais de ce pas prévenir le sacristain, faire préparer l'autel, commander le repas, et inviter quelques artistes de notre connaissance qui sont justement à la fête.

NOÉMI. Comment! aujourd'hui même?

BÉNÉDIT. Il n'y a pas de temps à perdre; je suis pour mon compte excessivement pressé... et toi, Noémi, qui depuis si longtemps portes à ton doigt la bague des fiançailles, est-ce que tu n'es pas impatiente de la voir se métamorphoser en anneau de mariage?

NOÉMI, *regardant sa bague.* Dame!... un peu.

BÉNÉDIT. D'ailleurs... qu'est-ce qui nous manque? nous avons maintenant de quoi payer le festin des noces...

FRANCESCA. Quant à la toilette de la mariée, je m'en charge.

NOÉMI. Oui, mais le mobilier du ménage?

BÉNÉDIT. Que ça ne t'inquète pas... nous en aurons une partie à crédit, et je demanderai du temps pour payer le reste.

FRANCESCA. Allons, viens, Noémi, j'ai hâte de poser sur ton front la couronne nuptiale.

BÉNÉDIT. Oui, faites-la bien belle... ça ne sera pas long, elle est déjà si jolie!

NOÉMI. Vous l'exigez tous... je me résigne; ça m'est facile, je ne demandais pas mieux! C'est égal, adieu la recette d'aujourd'hui... encore une fête de manquée!

BÉNÉDIT. Elle appelle ça une fête manquée! Ah! Dieu! en voilà des accidents comme je les aime... un malheur comme celui-là, mais c'est du bonheur pour toute la vie!... Oui, amour, oui, sylphide, va mettre ton voile de mariée et le chapeau virginal... Dire que tout ça c'est pour moi! oh! sapristi, quelle noce nous allons avoir!... Je ne sais pas ce que je chanterai au dessert; mais je me sens fièrement de moyens, toujours!

NOÉMI. Il devient fou, je crois.

BÉNÉDIT. C'est possible! je ne dis pas non; je n'y vois plus clair, ma tête court la poste, mon cœur danse le galop, la joie m'étouffe, j'ai envie de pleurer!

Air : *Assez dormir ma belle.*

Comprends donc ma folie,
Puisque c'est de ma vie
Le jour le plus heureux.
J' n'ai pas besoin d'êtr' sage,
Ma femme aura, je gage,
D' la raison pour nous deux.
Quoi! ce n'est pas un rêve,
D' plaisir j' sens que j' m'enlève,
J' suis au fin fond des cieux!...
Ah! j' comprends les sauvages
Et les antropophages;
Car, j' la dévor' des yeux.

ENSEMBLE.

NOÉMI.

Oui, j'aime sa folie,
Car c'est de notre vie
Le jour le plus heureux.
Mais dans notre ménage
Il me faudra, je gage,
De la raison pour deux.

FRANCESCA.

Oui, j'aime sa folie,
Puisque c'est de sa vie
Le jour le plus heureux.
Mais dans votre ménage
Il te faudra, je gage,
De la raison pour deux.

BÉNÉDIT.

Comprends donc ma folie, etc.

Il sort par la gauche.

SCENE XI.

PASTAFROLLE, NOÉMI, FRANCESCA.

PASTAFROLLE, *sortant de l'hôtel*. Le chanteur s'éloigne ; allons chercher Noémi.
FRANCESCA, *à Noémi*. Allons, viens !
PASTAFROLLE, *arrêtant Noémi*. Pardon, mademoiselle.
NOÉMI. Que voulez-vous, monsieur ?
PASTAFROLLE. Je viens vous rappeler votre promesse.
NOÉMI. Quelle promesse ?
PASTAFROLLE. Mais de venir chanter dans cet hôtel.
NOÉMI. Ah ! c'est vrai, je l'avais oublié !... Ma foi, j'en suis bien fâchée, mais il m'est impossible d'y aller.
PASTAFROLLE. Que dites-vous ?
NOÉMI. Il m'arrive un événement auquel je ne m'attendais pas... je me marie tout à l'heure.
PASTAFROLLE, *stupéfait*. Bah !... Songez donc que monseigneur vous attend.
NOÉMI. Désolée de lui manquer de parole ; si je chante aujourd'hui, ce ne sera qu'à ma noce !

Elle rentre dans le magasin avec Francesca.

SCÈNE XII.

PASTAFROLLE, LE MARQUIS.

LE MARQUIS, *qui a paru sur les derniers mots*. A sa noce... elle m'échappe !... Manquer une si belle occasion ! j'aimerais mieux, Pastafrolle, qu'un monument fût tombé sur ta tête.
PASTAFROLLE. Merci !..... Heureusement que pour sortir d'embarras, il vous reste...
LE MARQUIS. Quoi ?
PASTAFROLLE. Votre génie !
LE MARQUIS. Mais c'est que depuis un mois j'en abuse de ce malheureux génie... il est dans un état pitoyable... usé jusqu'à la corde.
PASTAFROLLE, *spontanément*. Ah ! monseigneur !...
LE MARQUIS, *vivement*. Tu as une idée ?
PASTAFROLLE. Non, c'est le prince Albert qui revient de ce côté.
LE MARQUIS, *exaspéré*. Le prince !... je n'y suis pour personne ; qu'on ferme toutes les portes.
PASTAFROLLE. Mais vous êtes dans la rue.
LE MARQUIS. C'est vrai, je ne sais plus ce que je dis, je nage en plein chaos (*A Pastafrolle, avec fureur.*) Va-t'en animal ! je ferai un malheur, va-t'en !

Pastafrolle sort.

SCENE XIII.

LE MARQUIS, ALBERT.

ALBERT. Ah ! vous voilà, marquis ? je suis bien aise de vous rencontrer.
LE MARQUIS. Et moi enchanté. (*A part.*) Je suis furieux !
ALBERT, *avec un calme forcé*. C'est une justice à vous rendre, vous êtes un habile homme !...
LE MARQUIS, *étonné*. Moi ! (*A part.*) Quelle atroce plaisanterie !...
ALBERT. Vous aviez deviné juste... celle que j'aimais n'était pas digne de mon amour.
LE MARQUIS. Bah !... (*A part.*) Ça m'est bien égal.
ALBERT. Oui, je suis trahi dans mes plus chères espérances.
LE MARQUIS. Vous n'êtes pas le seul, hélas !...
ALBERT, *à lui-même*. Elle !... me tromper de la sorte !...
LE MARQUIS, *de même*. Cette Noémi... refuser de venir chanter !
ALBERT, *avec explosion*. La coquette !... l'ingrate !... la perfide !...
LE MARQUIS, *de même*. Ce n'est qu'une petite acrobate !...
ALBERT, *d'un ton de reproche*. Ah ! marquis !... ce mot... mais je me vengerai d'elle.
LE MARQUIS. Certainement, vous le devez. (*A lui-même, revenant à son idée.*) Mais comment faire pour la ramener ?...
ALBERT. La ramener... vous osez me donner ce conseil ?...
LE MARQUIS, *troublé*. Qui ?... moi ? oui... non... pardonnez-moi, prince... c'est le trouble où je vous vois qui me fait perdre la tête.
ALBERT. Du trouble... vous vous trompez... je suis calme, je me vengerai de l'infidèle, mais en l'oubliant.
LE MARQUIS, *à lui-même, sans écouter Albert*. Il faut cependant que je trouve un moyen.
ALBERT. Vous savez avec quel empressement je me rendais auprès d'elle... vain espoir !... j'étais à peine à moitié chemin de son village, quand j'ai rencontré le messager qui devait l'instruire de mon retour ; il ne l'a plus retrouvée... depuis six mois elle a quitté furtivement le pays, malgré la promesse qu'elle avait faite de m'attendre... Plus de doute, je suis trahi... trahi par elle !... c'est affreux, n'est-ce pas ?
LE MARQUIS, *toujours préoccupé de son idée, et s'adressant par mégarde au Prince*. Si je la faisais arrêter par les gendarmes ?
ALBERT. Vous êtes fou, marquis !... Maintenant je n'ai plus qu'un désir, c'est que cet

amour indigne de moi demeure à jamais inconnu... je ne veux pas même qu'on soupçonne mon passage dans cette ville, et je compte sur vous pour faciliter mon départ.

LE MARQUIS, *à part.* Il veut s'en aller, bon débarras!... (*Haut.*) Justement mes équipages sont dans la cour de cet hôtel; vous pourrez partir sur-le-champ.

ALBERT. Alors, conduisez-moi vous-même.

LE MARQUIS. Pardon, altesse, c'est que dans ce moment...

ALBERT. Vous ne pouvez pas me refuser ce service... venez, je l'exige.

AIR *de Wallace.*

D'une cruelle injure
C'est trop longtemps souffrir!
Je veux de la parjure
Perdre le souvenir!

LE MARQUIS, *à part.*
La petite parjure!
Refuser de venir!
De ma déconfiture
Il faudra bien sortir.

ALBERT.
Vraiment, sa conduite est affreuse,
C'est une horrible trahison!

LE MARQUIS, *à part.*
Je rattraperai la chanteuse,
Je le jure sur mon blason!

REPRISE DE L'ENSEMBLE.

Ils entrent dans l'hôtel.

NOÉMI. Je ne vois qu'un moyen de s'en assurer... c'est d'aller le lui demander.

FRANCESCA. Oh! si j'osais...

NOÉMI. Oui, mais tu n'oseras pas... et moi, qui justement ai refusé d'aller chanter dans cet hôtel! (*Avec résolution.*) Bah! les jolies filles ont le droit d'avoir des caprices... donne-moi mon tambour de basque.

FRANCESCA. Et tu irais...

NOÉMI. Tout de suite... je suis sûre d'être bien reçue, puisqu'on m'a invitée.

FRANCESCA. Mais ton mariage?...

NOÉMI. Ton bonheur d'abord... je suis certaine du mien!

ENSEMBLE.

AIR *du Domino Noir.*

NOÉMI.
Pour toi plus de souffrance,
Bonne espérance;
Bientôt vont cesser tes regrets.
Je pars, le temps nous presse;
Oui, mon adresse,
Ici, te réponds du succès.

FRANCESCA.
Mon cœur s'ouvre d'avance
A l'espérance
De voir cesser tous mes regrets.
Oui, pars, le temps nous presse,
Use d'adresse;
Je fais des vœux pour ton succès.

Noémi entre dans l'hôtel.

SCENE XIV.

NOÉMI, FRANCESCA, *sortant du magasin.*

NOÉMI. Voyons, Francesca, que dis-tu?... en es-tu bien sûre?... ne te trompes-tu pas?...

FRANCESCA. Oh! non, le cœur ne peut pas se tromper à ce point... je l'ai bien reconnu... c'était lui!...

NOÉMI. Lui!... ce jeune officier... mais alors, puisqu'il ne venait pas vers toi, il fallait courir au-devant de lui.

FRANCESCA. Oh! Noémi, y penses-tu?...

NOÉMI. Dame!... je l'aurais fait, moi... mais toi, c'est différent, tu es timide, réservée, élevée aux belles manières... c'est gentil, mais ça fait perdre du temps.

FRANCESCA. Il n'a pas une seule fois tourné ses regards de ce côté.

NOÉMI. Je le crois bien... s'il ignore que tu es ici... pourquoi irait-il regarder dans ce magasin de lingerie? il ne porte pas de bonnets de dentelles, ce monsieur.

FRANCESCA. Et ne pas savoir s'il pense encore à moi!

SCENE XV.

FRANCESCA *et* BÉNÉDIT.

FRANCESCA. Bonne Noémi!... puisse-t-elle réussir!...

BÉNÉDIT, *entrant en courant et se frottant les mains.* Me voilà!... je me suis fait attendre, et pourtant j'ai fièrement couru; je suis passé à l'église, mes invitations sont faites... enfin tout est terminé; je viens chercher ma petite femme pour la conduire à l'autel... Annoncez-lui son heureux fiancé.

FRANCESCA. Ça me serait difficile, elle n'est pas ici.

BÉNÉDIT. Noémi?... et où donc est-elle?...

FRANCESCA. Dans l'hôtel en face, chez un grand personnage qui a voulu l'entendre.

BÉNÉDIT. Et elle y a été?... quelle folie!... donner ses instants au public quand on les doit à son mari!... Mais elle l'avait dans la tête... elle tenait à faire recette aujourd'hui.

FRANCESCA. Il y a aussi un autre motif que je vous dirai plus tard.

BÉNÉDIT. N'importe, elle ne sera pas seule

à charmer les oreilles du noble amateur... justement voici nos amis.

SCENE XVI.

Les Mêmes, Lingères, Musiciens, *avec leurs instruments.*

COEUR.

Air *de la Cracovienne.*

Enfants de Polymnie,
On doit voir les amours
Et surtout l'harmonie
Chez vous régner toujours.
Votre art en est le gage;
Pour vous quel heureux sort !
Vous serez en ménage
Amoureux et d'accord.

BÉNÉDIT. Un moment, mes amis... avant de procéder aux fêtes de l'hyménée, il s'agit de donner ici un petit concert : Noémi chante dans cet hôtel devant un grand seigneur, mon devoir est de l'accompagner partout... en avant la musique !

CHOEUR FINAL.

Air *final du troisième acte des* Deux Pigeons.

Honneur à son altesse !...
Ici partout sans cesse,
Par nos chants d'allégresse,
Méritons ses faveurs,
A l'orchestre fidèle
Que notre voix se mêle !

Témoignons notre zèle
Par le plus chaud des chœurs.

La fenêtre de l'hôtel s'ouvre; on voit paraître une main qui jette un papier aux pieds de Bénédit.

BÉNÉDIT, *après l'avoir ramassé.*
De nos chants c'est la récompense.

Aux musiciens.
Voyons, voyons notre trésor...

Il déplie le papier.
Que signifie?... Un anneau d'or !...
De Noémi, grand Dieu ! c'est l'alliance.

Lisant.
Et puis ces mots : « Un adieu sans espoir ! »

TOUS.
O ciel !... ô ciel !...

BÉNÉDIT.
Me trahir de la sorte !
Ah ! je veux la revoir !
Enfonçons cette porte.

Il frappe à grands coups.

PASTAFROLLE, *paraissant à la fenêtre de l'hôtel.* Que demandez-vous?

BÉNÉDIT. Le grand seigneur qui habite cet hôtel.

PASTAFROLLE. Il vient de partir.

BÉNÉDIT. Mais Noémi, où est-elle?... rendez-la-moi !...

PASTAFROLLE. Il n'y a personne de ce nom ici... je ne sais pas ce que voulez dire.

Il referme brusquement la fenêtre.

BÉNÉDIT, *accablé.* Elle me trompait !...

Bénédit est dans le plus grand accablement. On voit passer au fond du théâtre, sur le canal, une gondole qui porte Noémi et le marquis de Montefiero. Le rideau baisse.

ACTE DEUXIEME.

Un salon chez le marquis, meubles élégants, un guéridon, une causeuse. A droite, l'appartement de la duchesse ; à gauche, celui du marquis. Porte au fond, ouvrant sur une galerie.

SCENE PREMIERE.

PASTAFROLLE, *seul, assis et écrivant.*

Voilà un petit rapport qui fera du bruit à la cour. Ah ! le grand-duc demande à mon maître un mémoire circonstancié sur l'importante mission dont il l'a chargé?... Il sera content... nous lui en donnons des détails... j'ai passé toute la nuit à les inventer ; mais achevons. (*Écrivant.*) « C'est ainsi, altesse » sérénissime, que je suis parvenu, grâce à » mes nombreuses recherches, à découvrir » votre nièce, si ardemment désirée, la fille » de votre frère, feu le prince Léopold..... » (*Se levant.*) C'est-à-dire qu'il n'y a pas un mot de vrai dans tout cela... Mais il fallait bien obéir aux ordres impériaux du souverain. Après avoir persécuté son frère, il y a seize ans, pour un mariage secret, après avoir forcé la femme du prince Léopold à s'exiler avec son enfant... une petite fille qui ne tarda pas à devenir orpheline, le grand-duc s'avise dernièrement d'avoir des remords... qui s'en serait douté?... il veut absolument qu'on retrouve sa nièce. Les plus hautes faveurs sont promises au marquis de Montefiero pour prix du succès... Mais impossible de découvrir les traces de la jeune duchesse. Il nous fallait une orpheline, Noémi nous est tombée sous la main... et voilà comment le génie de monseigneur a fait d'une chanteuse ambulante la noble nièce du grand-duc... Le plus plaisant, c'est que la petite a accepté de confiance son illustre origine... Elle se croit duchesse pur sang... on s'en aperçoit bien aux tourments qu'elle nous donne depuis deux jours qu'elle habite le château... Il est temps que mon maître reçoive l'ordre de la conduire à la résidence.

SCENE II.

LE MARQUIS, PASTAFROLLE.

LE MARQUIS. Eh bien, Pastafrolle?... ce rapport?...
PASTAFROLLE. Il n'attend plus que votre signature.
LE MARQUIS. Fort bien! (*Il signe, puis il sonne; un valet entre.*) Ce message au grand-duc. (*Le valet sort.*) Voilà qui assure à Noémi le titre de grande dame pour quelque temps.
PASTAFROLLE. Comment! pour quelque temps?...
LE MARQUIS. Sans doute; en enlevant cette artiste nomade à son obscure profession, je n'ai pas eu la prétention d'en faire une duchesse à perpétuité... fi donc!...
PASTAFROLLE. Bah!...
LE MARQUIS. Cela va sans dire... Quand ma vorace ambition sera satisfaite, et que mon souverain aura clos sa noble paupière, ce qui ne peut tarder à arriver, attendu sa goutte et ses quatre-vingt-trois ans, je serai le premier à déclarer que j'ai commis une erreur... J'ai le droit de faire des bêtises, je ne suis pas diplomate pour rien.
Bruit de sonnette.
PASTAFROLLE. On sonne chez notre duchesse.
LE MARQUIS. Va voir ce qu'elle veut; avec son caractère impatient, elle serait capable de briser toutes mes sonnettes.
PASTAFROLLE. Encore si elle ne faisait aller que les sonnettes... mais elle bouleverse tout dans ce château.
Il entre à droite.

SCENE III.

LE MARQUIS, seul.

Patience!... le jour du triomphe approche!... quelle gloire pour moi quand je présenterai au grand-duc cette nièce... faux teint. O mes ancêtres!... je vous éclipse tous!...

Air *de Crispin* (Folies amoureuses).
Héros de ma noble race !
Par mon esprit, par mon talent, je vous efface.
Pour moi quel sort glorieux !
D'honneur, je fais la barbe à mes aïeux.
Ils n'ont su faire, en leurs prouesses,
Que des marquis; moi, plus fort, je fais des duchesses.
Grâce à la mienne, quel espoir !
Les honneurs, les faveurs, sur moi vont pleuvoir ;
Puis à l'envi chacun me prône,
Je deviens le bras droit du trône ;
A la cour tout se fait par moi,
Rien à mes vœux ne se dérobe ;
Grande place ou mince emploi.
De même subit ma loi;
Conseil d'état et garderobe,
Je dois avoir le droit sur tout,
Je veux fourrer mon nez partout.
Craignez, courtisans, craignez d'encourir ma disgrâce ;
Place à monseigneur, gare, faquins, lorsque je passe!
Et criez tous quand je suis là :
Faut-il un fin politique?
Le voilà !
Un phénix diplomatique?
Le voilà !
L'homme étonnant, l'homme unique ?
Le voilà !
Craignez, courtisans, craignez d'encourir ma disgrâce;
Place à monseigneur, gare, faquins, lorsque je passe,
Et criez tous quand je suis là :
Celui que nul n'égalera
Oui, le voilà ! (*ter*.)

SCENE IV.

LE MARQUIS, PASTAFROLLE.

PASTAFROLLE. C'est vous, monseigneur, que la duchesse demande!...
Bruit de sonnette.
LE MARQUIS. Quoi!... c'est moi qu'elle sonne?... comme un vil laquais!... c'est révoltant, à la fin!... cette chanteuse des rues m'inonde d'humiliations.
PASTAFROLLE. Et dire que vous êtes obligé de dévorer en silence les fantaisies et les caprices de cette petite fille mal élevée!
LE MARQUIS. Certainement, il y va des hautes faveurs que je convoite. O ambition ! passion des grandes âmes, tu me fais faire bien des petitesses.
PASTAFROLLE, *regardant à droite*. Il paraît qu'elle s'est lassée de vous attendre; la voici.
LE MARQUIS. La voici?... va-t'en!...
PASTAFROLLE. Oui, monseigneur. (*A part.*) Je vais voir si les ordres qu'elle m'a donnés ce matin sont exécutés.

SCÈNE V.

NOÉMI, LE MARQUIS.

NOÉMI. Eh bien, marquis, il faut que je vienne vous chercher ; vous êtes donc sourd?... voilà une heure que je sonne.
LE MARQUIS. C'est qu'on ne sonne pas un

homme comme moi... Je suis le marquis de Montefiero, et je vous ferai observer...

NOÉMI. Je n'aime pas les observations... vous êtes un gros marquis... mais je suis grande duchesse, vous me l'avez prouvé... seule je dois donner des ordres ici... et c'est pourquoi je viens vous demander de quel droit on s'est permis de renvoyer tout à l'heure les musiciens ambulants qui chantaient sous mes fenêtres.

LE MARQUIS. On a bien fait ; chez moi on ne reçoit pas de ces gens-là !

NOÉMI. Ces gens-là !... mais pour parler ainsi devant moi, vous oubliez que c'est parmi leurs pareils que j'ai trouvé secours et protection.

AIR d'*Yelva*.

Votre langage et m'offense et me blesse ;
Ah ! parlez d'eux avec moins de hauteur.
Non, comme vous ils n'ont pas la noblesse,
Mais ces gens-là pour eux ont leur bon cœur.
Sans leur appui je n'aurais eu personne ;
Vous conviendrez, monsieur, d'après cela ;
Qu'il est heureux, pour ceux qu'on abandonne,
Que Dieu sur terre ait mis de ces gens-là. (*bis*.)

LE MARQUIS. Calmez-vous !...

NOÉMI. Ah ! vous n'êtes pas au bout de vos peines !... je suis grande dame il est juste que je prenne les habitudes de mon état... je n'ai encore eu que des impatiences... eh bien, à présent, j'aurai des migraines... j'aurai des vapeurs... j'aurai même des attaques de nerfs... si je veux...

LE MARQUIS. En vérité, madame la duchesse, je ne reconnais plus là votre charmant naturel... votre douceur angélique... qu'est-ce que vous en avez fait ?...

NOÉMI. Je les ai laissés sur la place publique avec mon tambour de basque et ce pauvre Bénédit dont vous m'avez séparée... (*A part.*) Oh ! malgré lui aujourd'hui même j'aurai de ses nouvelles.

Fausse sortie.

LE MARQUIS. Un moment, madame la duchesse... je dois vous rappeler que l'instant approche où vous devez être présentée au grand duc, votre oncle... et vous ne songez pas à vous préparer à cette imposante solennité.

NOÉMI. Moi ?... j'y suis toute préparée... Vous me conduisez à la cour... j'entre : Bonjour, mon oncle, ça va bien ? — Pas mal, et vous ? — Merci. — Tant mieux... Et voilà la présentation faite... Ça n'est pas plus malin que ça.

LE MARQUIS. Ah ! une pareille inconvenance !... Vous feriez rougir le trône... Permettez-moi de vous donner une petite leçon de grâce et de majesté.

NOÉMI, *s'asseyant*. Eh bien... ça va être gentil.

LE MARQUIS, *se posant*. Nous sommes au palais... Je suppose que vous êtes votre oncle... et que je suis sa jolie nièce... Le marquis de Montefiero me donne la main... on m'annonce, je parais... une pudique rougeur colore mes traits délicats... je promène sur la cour qui m'environne un regard candide et caressant... Saisissez bien le coup d'œil... comme il est caressant.

AIR *de Micheline*.

Vers le grand duc, dont l'aspect m'interdit,
En saluant je m'avance troublée.
De toute part, dans l'auguste assemblée,
On applaudit.

NOÉMI.
Je crois plutôt qu'on rit.

LE MARQUIS.
Sur ma noble face
Un sourire passe.

NOÉMI.
Mais c'est la grimace
Que vous faites là.

LE MARQUIS.
Retenez bien cela.

NOÉMI.
Non, je n'f'rai rien d'tout ça,
Marquis, j'ai beaucoup mieux.

LE MARQUIS.
Que direz-vous, grands Dieux !

NOÉMI.
Une chansonnette
Que chacun répète,
Voilà ma recette.
Je veux en ce jour,
Bravant l'étiquette,
Que ma chanson mette
En joie, en goguette,
Le duc et la cour.
Victoire complète !
Je veux par ma chansonnette
Charmer le duc et la cour.

LE MARQUIS. Chanter ! miséricorde !... gardez-vous-en bien, madame... le grand-duc n'aime pas la musique.

SCÈNE VI.

LES MÊMES, PASTAFROLLE.

PASTAFROLLE, *cachant quelque chose sous son manteau*. Je puis entrer ?...

LE MARQUIS. C'est toi, que veux-tu ?...

PASTAFROLLE. Je viens annoncer à madame la duchesse que les ordres qu'elle a donnés ce matin sont exécutés... D'abord... voici l'objet en question...

Il montre le tambour de basque qu'il cachait.

LE MARQUIS. Que vois-je ?... un tambour de basque !...

NOÉMI, *le prenant*. Y a-t-il assez longtemps que j'en suis privée !... Mais soyez tranquille, je rattraperai le temps perdu.

Elle frappe sur son tambour de basque.

LE MARQUIS. Silence, madame, si l'on vous entendait!... (À part.) Je ferai mettre des bourrelets à toutes les portes.

NOÉMI. Mais ce n'est pas tout... Et la personne que j'ai demandée?...

PASTAFROLLE. Elle est là!...

NOÉMI. Alors, faites-la entrer.

LE MARQUIS. Un moment!... Quelle est cette personne?

NOÉMI. C'est Francesca, mon amie... Une jeune fille très-bien élevée et que j'ai choisie pour demoiselle d'honneur.

LE MARQUIS. C'est différent; votre altesse a le droit de monter sa maison. (À part.) Mais seulement en femmes.

NOÉMI, à Pastafrolle. Eh bien! qu'est-ce que vous faites là?... vous n'êtes pas encore parti?... allons, trottez...

LE MARQUIS. Va donc... puisque la duchesse l'ordonne.

NOÉMI, à part. Quel bonheur!... Enfin, je vais avoir des nouvelles de Bénédit. (Au Marquis.) Marquis, je n'ai plus besoin de vous... faites-moi le plaisir de vous en aller...

LE MARQUIS, à part. Elle me met aussi à la porte!... c'est drôle!... mais c'est humiliant!

PASTAFROLLE, au fond. Mademoiselle, vous pouvez entrer.

Francesca paraît.

ENSEMBLE.

Air du *Cheval de Bronze*.

NOÉMI.
Oui, la voilà, c'est elle,
Je vais donc la revoir;
Son amitié fidèle
Me rend tout mon espoir.

FRANCESCA, au fond.
Enfin je suis près d'elle,
Je vais donc la revoir;
Noémi me rappelle;
Pour mon cœur quel espoir!

LE MARQUIS et PASTAFROLLE.
C'est toujours auprès d'elle
Affront à recevoir.
Petite péronelle,
Quel abus de pouvoir!

Le marquis et Pastafrolle sortent.

SCÈNE VII.

NOÉMI, FRANCESCA.

NOÉMI. Eh bien, tu restes là?... avance donc, Francesca...

FRANCESCA, s'avançant avec embarras. Madame la duchesse...

NOÉMI. Hein?... qu'est-ce que tu dis?... ne vas-tu pas me respecter aussi, toi?... nous sommes seules... il n'y a plus de duchesse... embrassons-nous, et viens t'asseoir à côté de moi.

FRANCESCA, après l'avoir embrassée. Toujours bonne... malgré ta grandeur! (S'asseyant.) Que j'ai été surprise, Noémi, en recevant ta lettre dans laquelle tu me révèles le secret de ta naissance!... toi la nièce du grand-duc!

NOÉMI. Ne m'en parle pas... il y a huit jours que je le sais, et j'en suis encore toute étourdie... Qui m'aurait dit, lorsque je me rendais à cet hôtel dans l'intérêt de ton amour, que je me trouverais face à face avec un ambassadeur de mon oncle, qui ne m'a pas laissé le temps de réfléchir? — Vous êtes la fille du prince Léopold... en voici les preuves, partons et... enlevée, ma chère!

FRANCESCA. Mais avant de quitter l'hôtel, tu as dû voir...

NOÉMI. Qui?... ton jeune officier... tu le saurais déjà... Quand je fus remise de ma première émotion, j'interrogeai vainement mon compagnon de voyage... à toutes mes questions il n'a répondu que par ces mots : Je ne sais pas ce que vous voulez dire... inconnu!

FRANCESCA. Encore un espoir trompé!...

NOÉMI. Sois donc tranquille... tu ne me quitteras plus. Je vais être présentée... tous les officiers viennent à la cour... tu le reverras, je t'en réponds... Mais ce n'est pas seulement pour te parler de cela que je t'ai fait venir. Voyons, Bénédit, que fait-il?... que devient-il? parle-moi bien vite de lui.

FRANCESCA. Depuis ton départ, il a disparu.

NOÉMI. Ah! mon Dieu! que dis-tu?... mais je suis folle de m'effrayer... je n'étais plus là-bas, il ne pouvait pas y rester...

FRANCESCA. Sans doute... et maintenant il te cherche.

NOÉMI. Oui, mais comme il ignore que je suis la grande duchesse, il va de porte en porte demandant Noémi... et chacun lui répond : Noémi? connais pas...

FRANCESCA. Qui sait?... peut-être n'est-il pas bien loin d'ici.

NOÉMI. Ce matin j'ai eu un moment d'espoir... des chanteurs se sont introduits dans le parc... mais on les a renvoyés; impossible de savoir si Bénédit était avec eux.

FRANCESCA. Espère encore... il est adroit, persévérant, il t'aime... il ne peut pas manquer de te retrouver.

NOÉMI. J'y compte bien... (Fanfares.) Quel est ce bruit?...

PASTAFROLLE, entrant par le fond. C'est le fils du grand duc, votre noble cousin, qui vient d'arriver au château.

FRANCESCA. Ton cousin!

Elle remonte la scène et va regarder au fond.

NOÉMI, à elle-même. Ce n'est pas lui que je désirais...

PASTAFROLLE. Il est au bout de la ga-

lerie, et se rend dans ce salon avec sa suite.
FRANCESCA, *troublée*. O ciel!... c'est lui !
Elle redescend la scène.
NOÉMI. Et moi, qui suis encore en toilette du matin!... mais qu'importe... je ne veux recevoir personne. (*A Francesca.*) Rentrons... Qu'as-tu donc ?...
FRANCESCA. Moi, rien...
PASTAFROLLE, *au fond*. Le voilà !
NOÉMI. Allons, viens, Francesca.
Elle rentre.
FRANCESCA, *regardant vers le fond*. C'est le prince !... et j'ai osé l'aimer... maintenant je n'ai plus d'espoir; personne ne saura mon secret.
Elle rentre.

SCENE VIII.

PASTAFROLLE, LE MARQUIS, ALBERT,
SUITE DU PRINCE.

CHOEUR.

Air *des Deux Couronnes.*

Le prince Albert s'avance,
Son aimable présence
Va combler l'espérance
De notre cher marquis.
Pour lui, gloire éternelle ;
Sujet toujours fidèle,
En ce jour, de son zèle
Il recevra le prix.

LE MARQUIS, *entrant avec Albert*. Ah ! prince !... ah ! mon noble élève... vous chez moi !... Je ferai illuminer la façade de mon château ; je ferai illuminer jusqu'aux caves !...
ALBERT. Je viens, au nom de mon père, vous féliciter sur le succès de vos recherches...
LE MARQUIS. Vous avez daigné vous charger de cette ambassade...
ALBERT. J'avais un puissant motif pour cela...
LE MARQUIS. Quelle gloire pour ma maison !... (*A part.*) Je plane, je plane excessivement haut !...
ALBERT. Votre empressement à retrouver la fille du prince Léopold méritait une prompte récompense... je vous annonce que vous êtes nommé premier chambellan.
LE MARQUIS. Premier chambellan!... Quelle charge !... (*A part.*) Je plane encore plus haut... je me perds de vue.
ALBERT, *à part*. Je suis donc auprès d'elle... Ainsi le marquis a pu la retrouver, quand moi-même j'avais perdu ses traces... Ah ! si elle n'était pas coupable... Je veux lui parler... à l'instant. (*Haut.*) Marquis, veuillez m'annoncer chez la duchesse.
LE MARQUIS. C'est impossible, mon prince.. vous ne pouvez paraître devant elle avant qu'elle ait été présentée officiellement au grand duc.
ALBERT. Oh ! mon impatience ne pourrait attendre jusque-là. C'est pour elle que je suis venu ici en toute hâte... je veux la voir... marquis, je la verrai !
LE MARQUIS. Mais, prince, l'étiquette s'y oppose... Et ma responsabilité...
ALBERT. Elle ne sera pas compromise... Pendant la collation que vous avez bien voulu nous offrir, vous engagerez la jeune duchesse à faire un tour de promenade dans le parc, je m'y rendrai... nous nous rencontrerons... par hasard, l'étiquette n'en souffrira pas, et j'aurai satisfait mon plus ardent désir.
LE MARQUIS. Comptez sur moi... je vous réponds de la conduire dans le parc. (*A part.*) Pourvu qu'elle veuille bien y venir.
PASTAFROLLE, *entrant*. Son altesse est servie !...
ALBERT. C'est bien. (*Au Marquis.*) N'oubliez pas la promenade convenue...
LE MARQUIS. Je vais de ce pas donner la main à la jeune duchesse.

ALBERT.

Air *de Renaudin de Caen.*

Suivez-moi, messieurs, hâtons-nous;
A table venez prendre place,
Et vous, mon cher marquis, de grâce,
N'oubliez-pas le rendez-vous.

ENSEMBLE.

LE MARQUIS.
Du sort je ne crains plus les coups ;
Me voilà certain de ma place;
Je m'étonne de mon audace ;
Sans trembler je les trompe tous.

PASTAFROLLE.
Du sort il ne craint plus les coups;
Le voilà certain de sa place ;
Je m'étonne de son audace ;
Sans trembler il les trompe tous.

LES SEIGNEURS.
Du sort il peut braver les coups;
Il est à l'abri des disgrâces;
A table allons prendre nos places;
Le prince ordonne, empressons-nous.
Ils sortent.

SCENE IX.

PASTAFROLLE, LE MARQUIS.

LE MARQUIS. Me voilà premier chambellan... ô puissance du génie !... N'est-ce pas, Pastafrolle, que je suis un grand homme ?...
PASTAFROLLE. Vous êtes immense, monseigneur..... (*A part.*) En large surtout..... (*Haut.*) Quel bonheur !... vous tenez la clef d'or !...
LE MARQUIS. S'ils croient que ça s'arrê-

tera là... je t'en moque... Je vais chercher la duchesse.

PASTAFROLLE. Ah! quel honneur pour moi d'être attaché à un si grand homme d'état!

LE MARQUIS. Tu suivras ma fortune, Pastafrolle... je monte, tu grimpes!...
Il entre chez la Duchesse.

SCÈNE X.

PASTAFROLLE, *puis* LE MARQUIS *et* NOÉMI.

PASTAFROLLE. Grimper!..... je l'espère bien; moi aussi je suis ambitieux, je sens le besoin de m'arrondir... j'ai toujours eu dans l'idée que je serais un jour un personnage étoffé... un homme de poids! (*Bruit au dehors.*) Qu'est-ce que j'entends? Ah! c'est le factionnaire qu'on pose à la porte de ce salon, car nous avons mis des sentinelles partout... c'est très-prudent, notre duchesse a besoin d'être bien gardée... Il y a de par le monde un certain Bénédit... dont nous devons nous défier... Bah! est-ce qu'il peut se douter que Noémi est ici?... La voici avec monseigneur.

ENSEMBLE.
Air *de Fra Diavolo.*
NOÉMI, *à part.*
Oui, partons, car l'heure est venue ;
Mais j'eusse aimé mieux en ce jour,
A l'amie à mes vœux rendue
Parler encor de mon amour.
LE MARQUIS.
Oui, partons, car l'heure est venue;
Nous allons faire en ce séjour
La promenade convenue
Qu'ici nous faisons chaque jour.

Pastafrolle ouvre au fond; on voit une sentinelle tournant le dos.

LE MARQUIS, *à la sentinelle.*
Eh bien! que faites-vous? saluez, sentinelle.
Bénédit se retourne et présente les armes.
NOÉMI, *le reconnaissant.*
O ciel!...
LE MARQUIS.
Qu'avez-vous donc?
NOÉMI, *à part.*
Dieu! c'est lui!
BÉNÉDIT, *à part.*
Bon! c'est elle!
LE MARQUIS.
Pourquoi trembler ainsi?
NOÉMI.
Comment est-il ici?
LE MARQUIS *et* PASTAFROLLE.
Que veut dire ceci?
BÉNÉDIT, *à part.*
Enfin! j'ai réussi!

ENSEMBLE.
NOÉMI.
Ah! combien mon âme est émue!

Ici l'a conduit son amour ;
Malgré moi je tremble à sa vue,
Mais pour mon cœur c'est un beau jour.
BÉNÉDIT, *à part.*
Non, ma ruse n'est pas perdue;
J'étais sûr de revoir un jour
Celle dont la fuite imprévue
A trompé mon espoir d'amour.
LE MARQUIS *et* PASTAFROLLE, *à part.*
Mais d'où vient donc qu'elle est émue?
Est-ce un caprice, est-ce un détour,
Ou quelque douleur inconnue
Qui la retient en ce séjour ?

Pastafrolle ferme la porte, Bénédit reste dehors.

LE MARQUIS. Mon Dieu! qu'avez-vous donc, madame la duchesse?...

NOÉMI, *à part*. Il faut l'éloigner. (*Haut.*) Je ne sais, un éblouissement.... une faiblesse... je ne me sens pas bien... Tenez, marquis, pour ce matin dispensez-moi de la promenade...

LE MARQUIS, *à part*. Et ma promesse au prince Albert. (*Haut.*) L'air vous ferait beaucoup de bien.

NOÉMI. Eh bien, plus tard... mais maintenant laissez-moi ; je désire être seule...

LE MARQUIS. Dans l'état où vous êtes?

NOÉMI, *s'animant par degrés*. Raison de plus pour vous éloigner... vos soins me fatiguent... votre figure me déplaît, vos paroles m'agacent; ainsi partez, marquis; au nom du ciel, allez-vous-en!...

LE MARQUIS, *hésitant*. Mais...

NOÉMI. Je veux!... (*Frappant du pied.*) Sapristi! je le veux!...

LE MARQUIS. Je pars, madame... (*A part.*) J'y suis... c'est l'attaque de nerfs annoncée... elle a tenu parole.

PASTAFROLLE, *bas, au Marquis*. Et le prince qui attend pour voir passer la duchesse... il faut l'instruire de l'événement.

LE MARQUIS. C'est vrai, il est à la fenêtre... le cou tendu... S'il allait se donner un torticolis.

Ils sortent par la gauche.

SCÈNE XI.

NOÉMI, *puis* BÉNÉDIT.

NOÉMI. Il est parti!... (*Ouvrant au fond.*) Avance donc, Bénédit.

BÉNÉDIT. Oui, j'avance, car nous avons un petit duo à roucouler ensemble...

NOÉMI. Je te retrouve enfin!

BÉNÉDIT, *avec une rage concentrée*. Oui, un peu changé, comme vous, d'uniforme... Au fait, je peux bien être soldat, puisque vous êtes grande dame...

NOÉMI. Pauvre garçon, comme il est ému!...

et moi donc.... à peine si je peux parler....
c'est la joie qui le suffoque...

BÉNÉDIT. Non, c'est la rage!...

NOÉMI. La rage?

BÉNÉDIT. Il n'y a pas de quoi, n'est-ce pas!... Abandonner son fiancé pour suivre un marquis... un vieux encore!...

NOÉMI. Je ne l'ai pas suivi.... il m'a enlevée.

BÉNÉDIT. Et cette bague.... la vôtre..... que vous m'avez jetée par la fenêtre avec ces mots : Adieu, sans espoir...

NOÉMI. Ma bague... ce n'est pas vrai, je ne te l'ai pas jetée... je croyais l'avoir perdue..... et ces mots ce n'est pas moi qui les ai écrits... Moi, te dire adieu, quand tout à l'heure je demandais à te revoir....

BÉNÉDIT. Vraiment! Eh bien, tu vas me le prouver sur-le-champ.

NOÉMI. Comment cela?

BÉNÉDIT. En quittant ce château à l'instant même avec moi... car je n'ai pas envie de vieillir ici... Tu dois avoir bien des choses à me conter... Tu me diras tout cela en route. Allons, prends mon bras et partons.

NOÉMI. Partir?.... mais je ne le puis pas.

BÉNÉDIT. Là!... j'en étais sûr!... elle me trompait!... Mais cela ne se passera pas sans bruit. Je n'ai pas endossé l'uniforme pour venir ici recevoir mon congé... j'ai des droits sur vous, Noémi. Il y a une grande duchesse dans le château...... je veux aller la trouver, et me plaindre à elle de votre perfidie!...

NOÉMI. Il est inutile de vous déranger pour ça. (S'asseyant.) Parlez, Bénédit; la fille du prince Léopold vous écoute.

BÉNÉDIT. Hein?... qui... vous... quoi... tu serais?...

NOÉMI. La nièce du grand duc!...

BÉNÉDIT, faisant le salut militaire. Excusez!...

NOÉMI. Oui, injuste... oui, jaloux... cette noble orpheline qu'on a tant cherchée, c'était ta sœur Noémi... et tu as pu me soupçonner... moi, dont la seule consolation était de me dire : malgré notre séparation, Bénédit ne peut pas être malheureux... Il sait bien que je l'aimerai toujours.

BÉNÉDIT, se frappant le front. Ah! misérable!... ah! gueux!... ah! gredin que je suis.

AIR : *Du véritable amour* (L. Puget).

Je suis inexcusable,
Mais j' perdis la raison.

NOÉMI.

Ah! tu fus bien coupable,
M'accuser d' trahison.
Soupçon étrange! (*Bis.*)
Crois-tu donc que l' cœur change?
Ne fût-c' qu'un jour,
Rien qu'un seul jour;
Non, ça n' s'rait plus d' l'amour.

Mais j'y pense, cet habit militaire.... est-ce que tu te serais engagé?...

BÉNÉDIT. Oui... je me suis engagé... à te retrouver... et tu vois que je me tiens parole...

NOÉMI. Ainsi, bien vrai, tu n'es pas soldat?...

BÉNÉDIT. Par exemple!... échanger ma fidèle guitare contre une clarinette de cinq pieds... jamais!... c'est plus lourd... et ça chante moins agréablement.

NOÉMI. Mais comment t'es-tu procuré ce déguisement?...

BÉNÉDIT. C'est un généreux ami qui me l'a prêté; ce matin j'avais tenté de m'introduire dans le parc, avec quelques confrères, sous prétexte d'y exercer notre industrie... A peine avions-nous donné le premier accord, qu'on nous reconduisit poliment à la porte de ton château, avec accompagnement de coups de canne... je m'éloignais cherchant un nouveau moyen de pénétrer jusqu'à toi, quand la Providence amena sur mon chemin une innocente recrue, qui venait ici rejoindre sa compagnie... D'un coup d'œil, je toise le jeune enfant de Mars... sa taille répond à la mienne... aussitôt mon plan est conçu... J'invite le vainqueur en herbe à arroser ses lauriers futurs d'une bouteille de lacryma-christi... Il accepte... nous entrons dans la première hôtellerie... il boit, je le mets dedans; il s'endort, je le dévalise, et voilà comment ce généreux ami m'a prêté son uniforme...

NOÉMI. Et tu t'es présenté ici à sa place.

BÉNÉDIT. Je ne risquais rien..... on ne le connaît pas, et j'avais eu soin de lui demander son nom... enfin l'heure arrive de poser les factionnaires... et, quel coup du ciel! c'est moi justement qu'on met en sentinelle à cette porte... Dis donc, la consigne est de ne laisser entrer personne.

NOÉMI. Tu l'as joliment observée.

BÉNÉDIT. Moi, c'est différent.... j'entre partout où tu es... Ah ça, nous avons encore un petit compte à régler ensemble.

NOÉMI. Lequel?...

BÉNÉDIT. Et mon pain quotidien, mamselle... une douzaine de baisers par jour.... ça fait trente-six d'arriéré.

NOÉMI. Si tu crois que je vais te payer tout cela!

BÉNÉDIT. Il n'y a pas à dire..... il me faut au moins un à-compte.

NOÉMI. Allons, intéressé, embrassez Noémi.... la duchesse le permet.

BÉNÉDIT. Et j'ai pu la croire infidèle... je ne mériterais pas... (*Il l'embrasse.*) Dieu!... c'est bon d'embrasser une duchesse. (*Il l'embrasse.*) Non, je ne mériterais pas...

Il l'embrasse.

NOÉMI, se défendant. Assez, assez...

SCENE XII.

LES MÊMES, LE MARQUIS.

LE MARQUIS, *à part.* Sachons si la crise est passée...
BÉNÉDIT. Ce n'est que le cinquième...
Il l'embrasse.
LE MARQUIS. Hein!... que vois-je?...
NOÉMI. Le marquis!
LE MARQUIS. Que fais-tu ici, soldat?...
BÉNÉDIT. Je monte ma garde.
LE MARQUIS. Auprès de madame la duchesse?...
NOÉMI. Certainement, puisque c'est moi qui l'ai appelé.
BÉNÉDIT. Elle m'a appelé!...
LE MARQUIS, *à part.* Qu'entends-je?.... elle donne dans l'uniforme... elle débauche les troupes!... (*Haut.*) Permettez, madame, que je vous fasse remarquer l'inconvenance d'une telle conduite.
NOÉMI. Il n'y a ici d'inconvenant que vous-même... on ne tombe pas comme ça au milieu d'un tête-à-tête...
BÉNÉDIT. C'est vrai, au fait, ça dérange...
LE MARQUIS. Fantassin!...
NOÉMI. D'ailleurs, il n'y a pas de quoi vous effaroucher, puisque c'est lui...
LE MARQUIS. Lui?.... je ne comprends pas...
NOÉMI. Eh bien, oui... Bénédit... mon fiancé dont je vous ai tant parlé.
LE MARQUIS. Qui?... ce soldat!... ce serait le chanteur des rues?...
BÉNÉDIT. En personne, monseigneur.....
NOÉMI. Il était en sentinelle à cette porte... vous comprenez maintenant pourquoi je vous ai renvoyé tout à l'heure avec tant d'impatience...
BÉNÉDIT. Il nous fallait le temps de nous reconnaître.
LE MARQUIS. Et moi qui prenais cela pour une attaque de nerfs!
NOÉMI. A présent que nous nous sommes entendus, vous protégerez nos amours...
BÉNÉDIT. Vous me ferez donner des lettres de noblesse... enfin tout ce qu'il faut pour que je puisse l'épouser.
LE MARQUIS. Je n'y manquerai pas... (*A part.*) Compte là-dessus... Et le prince qui est là... éloignons le chanteur... (*Haut.*) Pardon, Altesse, je suis désolé de déranger votre bonheur, mais il faut cesser l'entretien.
BÉNÉDIT. Déjà!...
NOÉMI. Par exemple!... je veux qu'il reste pour déjeuner avec moi.
BÉNÉDIT. Déjeuner?... ah! fichtre!... ça me va!
LE MARQUIS. Y pensez-vous?...
NOÉMI. Tiens!... je suis bien aise qu'il voie comment on traite une duchesse.
Elle prend la sonnette.
LE MARQUIS. Arrêtez, madame!... (*Elle sonne.*) Il est trop tard!... elle a sonné. (*Se mettant devant Bénédit.*) Au moins sauve les apparences, malheureux!... on vient!... dérobe-toi à tous les regards...
BÉNÉDIT. C'est juste, je me dérobe...
Il se cache derrière le Marquis.
NOÉMI, *aux valets.* Mon déjeuner... ici... à l'instant, et deux couverts.
LE MARQUIS. Oui, son altesse me fait l'honneur de m'inviter à sa table!
NOÉMI. Certainement, j'invite monsieur le marquis (*bas*) à nous regarder déjeuner.
LE MARQUIS, *à part.* J'en ferai une maladie très-grave... (*Aux Valets qui apportent une table servie.*) Bien... posez ça là..., à présent... sortez...
Les Valets sortent.
NOÉMI. Comment! vous les renvoyez! mais qui donc changera nos assiettes?
BÉNÉDIT. Ne fais pas de façons avec moi... nous nous servirons nous-mêmes.
LE MARQUIS. Je l'espère bien... il ne manquerait plus que de rendre mes gens témoins de ce déjeuner révoltant...
NOÉMI. Eh bien, non, ils n'en seront pas témoins... marquis, c'est vous qui allez nous servir...
LE MARQUIS. Moi!...
NOÉMI. Sans doute, on ne peut pas se mettre à table sans avoir quelqu'un derrière soi, quand on est duchesse...
BÉNÉDIT. Elle a raison, il nous faut absolument un domestique.
LE MARQUIS. Mais, madame...
NOÉMI. Marquis, je l'exige...
LE MARQUIS, *avec rage, prenant une serviette.* Portraits de mes ancêtres... fermez les yeux...
BÉNÉDIT, *regardant le Marquis.* Quel beau groom!...
LE MARQUIS. Veuillez prendre place...
BÉNÉDIT, *présentant la main à Noémi.* Altesse!...
NOÉMI, *faisant la révérence.* Monsieur...
BÉNÉDIT, *la conduisant.* J'espère qu'on a l'air un peu gentilhomme. (*Donnant son shako au Marquis.*) Marquis, débarrassez-moi de ce meuble... et prenez garde de l'abîmer.
LE MARQUIS, *à part.* Vil paltoquet!...
Il jette le schako sur un fauteuil.
BÉNÉDIT. Voilà un service un peu soigné... je vais avoir de la besogne. Dis donc, Noémi, pour être plus à mon aise, j'ai envie d'ôter mon habit?...
LE MARQUIS. Vous découvrir devant la duchesse! l'étiquette ne le permet pas.

NOÉMI. Silence, marquis!... Les domestiques n'ont pas la parole. (*A Bénédit.*) Veux-tu de ce paté?...

BÉNÉDIT. Je veux de tout, donne-m'en beaucoup... donne-m'en trop...

LE MARQUIS, *à part*. S'il pouvait s'étouffer...

BÉNÉDIT, *mangeant*. J'étrenne agréablement mon uniforme..... Pour ma première faction j'ai un tête-à-tête avec une délicieuse duchesse... pour ordinaire un déjeuner d'ambassadeur.... et pour me servir un énorme marquis... un marquis monstre!...

NOÉMI. Eh bien, ça sera tous les jours comme ça...

BÉNÉDIT. Ça me va; marquis, vous êtes à mon service... à perpétuité.

LE MARQUIS, *à part*. C'est-à-dire que demain matin tu seras coffré...

NOÉMI, *à Bénédit*. C'est bon, n'est-ce pas?...

BÉNÉDIT. Je crois bien, un pâté de canard.

LE MARQUIS, *à part*. Du canard! oie!... ce sont des faisans dorés...

NOÉMI, *au Marquis*. Versez...

BÉNÉDIT. Tout plein!... Merci.

NOÉMI. Eh bien! qu'est-ce que tu dis donc? on ne remercie pas ces gens-là!

BÉNÉDIT. Ah! excusez, c'est vrai..... j'ai été poli... c'est malhonnête!

NOÉMI. Voilà le poulet découpé.

BÉNÉDIT. Je veux en goûter..... donne-m'en la moitié.... Garçon! garçon!.... ah ça, faites donc attention... vous me laissez là au port d'armes...

NOÉMI. C'est vrai... vous servez très-mal!

LE MARQUIS. Vous ne me laissez pas le temps de respirer...

NOÉMI. Vous n'êtes pas ici pour cela...

BÉNÉDIT, *tendant son verre à Noémi*. A ta santé!

LE MARQUIS, *scandalisé*. C'est trop fort!... on ne trinque pas ici!...

NOÉMI. Laissez-nous donc tranquilles... ça ne se fait pas, c'est vrai... mais entre amis, et pour une fois.... on peut bien revenir à ses anciennes habitudes. (*Trinquant.*) A la tienne.

LE MARQUIS. Ma pudeur n'y tient plus!...

BÉNÉDIT.
AIR *du Portefaix.*
Tous deux à cette table ronde,
Que nous sommes bien aujourd'hui !
ENSEMBLE.
Tous deux à cette table ronde,
Que nous sommes bien aujourd'hui !
NOÉMI.
Il faut toujours, dans le grand monde,
Subir l'étiquette et l'ennui.
Oui !
BÉNÉDIT.
Jamais de repas sans façon.
Non !
NOÉMI.
Mais quand l'amour est là,
L'étiquette s'en va. (*Bis ensemble.*)

SCENE XIII.

LES MÊMES, PASTAFROLLE, *d'un air empressé.*

PASTAFROLLE. Monseigneur! monseigneur!

LE MARQUIS. On n'entre pas!

PASTAFROLLE. C'est moi, je vous apporte un message de la part du grand duc.

NOÉMI, *se levant*. De mon oncle?...

BÉNÉDIT, *de même*. De notre oncle?...

LE MARQUIS. Sans doute une nouvelle faveur; lis, Pastafrolle.

PASTAFROLLE, *lisant*. « Mon cher marquis... »

LE MARQUIS, *avec fatuité*. Je suis son cher!... continue.

PASTAFROLLE. « Le moment est arrivé de vous faire connaître mes intentions au sujet de ma nièce... »

BÉNÉDIT. Voyons les intentions...

LE MARQUIS. Silence! (*A Pastafrolle.*) Continue.

PASTAFROLLE. « Afin de réparer mes torts envers son père, j'ai résolu qu'elle serait l'épouse de mon fils... »

LE MARQUIS. L'épouse du prince Albert!

BÉNÉDIT. Je m'y oppose!

NOÉMI. Et moi aussi!...

LE MARQUIS, *à part*. Mettre un tambour de basque sur le trône!

PASTAFROLLE, *bas, au Marquis*. Et si un jour on découvrait la vérité, vous seriez perdu!

LE MARQUIS. Achève, achève.

PASTAFROLLE. « Demain vous conduirez ma nièce à la cour pour qu'elle me soit présentée, et dans quelques jours aura lieu la célébration du mariage. »

LE MARQUIS, *à part*. Je suis foudroyé!

NOÉMI. Je me charge de la réponse... Non, non.

BÉNÉDIT, *appuyant*. Non!

LE MARQUIS. Non, c'est bien facile à dire; mais quelle raison donnerez-vous pour refuser la main du prince?

BÉNÉDIT. Une excellente, elle dira qu'elle est mariée.

LE MARQUIS. Mais elle ne l'est pas.

BÉNÉDIT. C'est tout comme... nous sommes fiancés.

NOÉMI. Nos bans sont publiés.

BÉNÉDIT. Il nous manque, il est vrai, une petite formalité, la bénédiction nuptiale; mais il y a une chapelle dans le château, vous donnez des ordres, et nous partons du pied gauche.

PASTAFROLLE, *bas, au Marquis*. C'est votre seule planche de salut.

LE MARQUIS, *à Pastafrolle*. Alors j'embrasse cette idée! (*Haut.*) Eh bien, oui mes amis; touché de votre amour, vaincu par vos prières, je brave les conséquences d'un crime d'état : je vous marie!

BÉNÉDIT. Marquis, vous serez parrain du premier.

LE MARQUIS. Alerte! Pastafrolle, va prévenir mon chapelain...

PASTAFROLLE. J'y cours, monseigneur.
Il sort.

LE MARQUIS. Songez qu'on ne doit pas soupçonner que j'ai prêté les mains à cette union clandestine... Ne soyez pas ingrats, jeunes amants, ne me faites pas regretter mes bienfaits.

NOÉMI. Comptez sur ma discrétion; on nous croira mariés depuis longtemps.

BÉNÉDIT. Et pour ne pas mentir, je vous promets de rattraper les instants perdus.

LE MARQUIS. Partons; je veux moi-même vous conduire à l'autel.

ENSEMBLE.

AIR : *Valse de Strauss.*

BÉNÉDIT *et* NOÉMI.

Viens, viens, viens,
Et qu'un doux mariage
Aujourd'hui nous engage.
Viens, viens, viens,
Pour moi quel heureux jour! enfin } je t'appartiens.
En dépit des grandeurs enfin } tu m'appartiens.

LE MARQUIS.

Bien, bien, bien,
Cet heureux mariage,
D'un danger me dégage.
Bien, bien, bien,
Quand ils seront époux, je ne craindrai plus rien.

LE MARQUIS, *à part.*

Le tour n'est pas mauvais;
J'assure mon succès.

BÉNÉDIT, *à Noémi.*

Mais tu trembles, je croi.

NOÉMI.

Oh! c'est bien malgré moi.

BÉNÉDIT.

Dissipe ta frayeur.

NOÉMI.

Quel moment pour mon cœur!
Ah! je me sens frémir.

BÉNÉDIT.

De peur?...

NOÉMI.

Non, de plaisir.

REPRISE DE L'ENSEMBLE.
Ils sortent par la droite.

SCENE XIV.

ALBERT, VALETS.

ALBERT, *entrant.* Eh bien, le marquis n'est pas dans ce salon? Cependant il faut que je le voie. (*Aux Valets.*) Allez chercher votre maître, dites-lui que je l'attends ici; qu'il se hâte d'y venir, je veux lui parler à l'instant! (*Les Valets saluent et sortent.*) Ah! quelle émotion je viens d'éprouver!... Ma tête est brûlante! mon cœur bat d'une force! Mais comment ne serais-je pas ému? j'ai revu Francesca... Tout à l'heure, j'étais dans le parc, les regards tournés vers l'appartement de la duchesse, lorsqu'elle a paru à sa fenêtre; elle n'y est restée qu'un moment, mais j'ai pu la contempler... C'est toujours la même expression d'innocence et de bonté; à sa vue tout mon amour s'est réveillé!... Je me suis reporté au temps où, sous les dehors d'un simple officier, j'allais par mon amour consoler la pauvre orpheline et remplir en secret la promesse que j'avais faite à son père de la secourir et de veiller sur elle!... Non, cette jeune fille que j'ai connue si candide, si pure, ne peut pas être coupable... on l'a calomniée!...

SCENE XV.

ALBERT, LE MARQUIS.

LE MARQUIS. Vous m'avez fait appeler; me voici, prince.

ALBERT. Deux mots seulement, marquis, car ma suite m'attend, et l'ordre de mon père me rappelle sur-le-champ auprès de lui.

LE MARQUIS. Parlez, Altesse.

ALBERT. Jugez de ma joie, marquis, je viens d'apercevoir la duchesse.

LE MARQUIS. La duchesse...

ALBERT. Oui, je la connaissais, et depuis longtemps, puisque c'est son père, le prince Léopold lui-même, qui m'avait confié le secret de sa naissance... Oh! c'est bien elle!...

LE MARQUIS, *étonné.* C'est bien elle!

ALBERT. En doutez-vous?...

LE MARQUIS. Moi... non... prince. (*A part.*) Ah! c'est elle!...

ALBERT. Vous savez le projet du grand duc; il veut que j'épouse ma cousine...

LE MARQUIS. Et vous vous opposez à ce mariage?...

ALBERT. Au contraire, c'est le vœu le plus cher de mon cœur; car, je l'espère, elle est digne de mon amour... Vous devez conduire demain la duchesse à la résidence, mais avant je veux la revoir encore, je veux lui parler... Le devoir me rappelle auprès de mon père, je reviendrai ici, en secret, cette nuit... A tout prix, marquis, il faut que vous me ménagiez une entrevue avec elle... je compte sur vous; au revoir, au revoir... et merci!...
Il sort par le fond.

LE MARQUIS. Qu'est-ce qu'il dit?... Il connaissait la duchesse, et c'est Noémi... Mais son mariage avec le chanteur ne peut plus s'accomplir... Peut-être est-il temps encore de l'empêcher... Courons...
PASTAFROLLE, *entrant*. Victoire! monseigneur!... victoire! ils sont unis!...
LE MARQUIS, *tombant dans un fauteuil.* Ah! je me meurs!...
PASTAFROLLE. O ciel!... il s'évanouit... Monseigneur... monseigneur... est-ce que vous vous trouvez mal?... je cours chercher des sels, du vinaigre.
LE MARQUIS. Non... un caporal et quatre hommes.
PASTAFROLLE, *à part*. Il perd la tête!... (*Haut.*) Voilà les époux qui sortent de la chapelle... ils viennent ici.
LE MARQUIS, *se levant*. Ils viennent... mais cours donc, animal!... et apporte-moi...
PASTAFROLLE. Quoi?...
LE MARQUIS. Un caporal et quatre hommes!
Pastafrolle sort.

SCENE XVI.

LE MARQUIS, BÉNÉDIT, NOÉMI, *puis* PASTAFROLLE.

NOÉMI *et* BÉNÉDIT.

Air *du Pré aux Clercs.*

Je ne crains plus de sort contraire,
En ce beau jour, et grâce à vous,
Ici l'amour et le mystère
Font le bonheur de deux époux.

NOÉMI, *au Marquis.*

Ah! vous pouvez compter sur ma reconnaissance!

BÉNÉDIT.

Ma femme aura mes nuits, je vous offre mes jours.
LE MARQUIS, *à part*.
Caporal désiré, j'implore ta présence!
Ah! viens bien vite à mon secours.
NOÉMI. Quel bonheur, marquis! on ne pourra plus nous séparer.
LE MARQUIS. Non, mais pour l'instant vous ne pouvez pas rester ensemble; le prince est encore dans le château, il faut de la prudence. Entrez chez vous, madame la duchesse; tout à l'heure votre mari ira vous retrouver.
BÉNÉDIT. Hein?... qu'est-ce que vous dites à Noémi?...
LE MARQUIS, *bas, à Bénédit*. Que mon appartement sera le vôtre désormais... Mais pour qu'on ne soupçonne rien, tu vas t'y rendre seul; dans un instant je t'amènerai ta femme... On vient, éloignez-vous!... (*A Noémi.*) Vous de ce côté... (*A Bénédit.*) Toi, par là... Silence!...
NOÉMI *et* BÉNÉDIT. Silence!...

REPRISE DE L'AIR.

Je ne crains plus de sort contraire, etc.
LE MARQUIS.
Destin, ne me sois plus contraire;
Pour séparer ces deux époux,
Dans cet instant en toi j'espère;
Aide un pauvre marquis victime de tes coups.

Bénédit entre à gauche, Noémi entre à droite, Pastafrolle paraît avec deux soldats.

PASTAFROLLE. Vous êtes obéi, monseigneur... voici les soldats demandés...
LE MARQUIS, *faisant placer les sentinelles*. Une sentinelle à cette porte... une autre à celle-ci; la consigne est de ne laisser sortir personne!... Ils ne se rapprocheront pas!...

ACTE TROISIÈME.

La cour d'une hôtellerie italienne. — A gauche, le bâtiment principal; au premier plan du même côté, une table et des bancs. — A droite, un petit corps de logis, auprès duquel se trouve une fontaine entourée de plantes marines.

SCENE PREMIERE.

UNE SERVANTE, FRANCESCA, *ensuite* MATHÉO.

FRANCESCA, *à la Servante.* (*Elle est près de la porte du petit corps de logis.*) Vous m'entendez bien : aussitôt que la personne que je vous ai désignée sera ici, vous viendrez me prévenir.
LA SERVANTE. C'est dit; mais si madame désirait une chambre dans l'auberge, elle y serait beaucoup mieux... Tiens! qu'est-ce que je dis? il n'y en a plus... toute la maison est occupée par le jeune seigneur qui est descendu chez nous ce matin avec sa suite.
FRANCESCA. Qu'importe! (*désignant le corps de logis*) je serai fort bien ici pour attendre.
LA SERVANTE. Ah! en v'là un beau jeune homme, par exemple.

FRANCESCA, *l'interrompant.* N'oubliez pas ce que je vous ai recommandé.

Elle entre à droite.

LA SERVANTE, *à elle-même.* Il paraît que ça ne l'intéresse pas les beaux *jeune-hommes.* Elle ne me ressemble guère... Dieu de Dieu ! ça me fait-il plaisir à voir !... Tiens ! v'là le capitaine Mathéo !

MATHÉO, *à la cantonade.* C'est bien... continuez vos recherches... les fugitifs doivent être dans les environs... A tout prix, il faut les arrêter.

LA SERVANTE. Bonjour, capitaine Mathéo.

MATHÉO, *brusquement.* Bonjour.

LA SERVANTE. Vous v'là par ici ?

MATHÉO. Oui.

LA SERVANTE. Vous n'êtes donc pas à la résidence ?

MATHÉO. Non.

LA SERVANTE. Dame ! j'croyais ça à cause de l'arrivée de la duchesse.

MATHÉO. Il n'y a pas d'arrivée.

LA SERVANTE. Eh ben, et les fêtes ?

MATHÉO. Il n'y a pas de fêtes.

Il entre dans l'auberge.

LA SERVANTE, *étonnée.* Ah ! ah ! bien sûr, il se passe quelque chose... ce mouvement de troupes dans le pays... ce beau jeune homme qui vient loger chez nous avec des valets galonnés... toutes les autorités qui sont en l'air... et les poules qui n'ont pas pondu ce matin... tout ça n'est pas naturel... bien sûr, il se passe quelque chose... (*Ritournelle du chœur suivant.*) J'entends les chanteurs qui ont couché cette nuit dans la grange... je parie qu'ils ont le gosier sec... heureusement, j'ai là de la piquette.

Elle prend un broc, des verres et les pose sur la table.

SCÈNE II.

BÉNÉDIT (*costume du 1ᵉʳ acte*), SALTARELLI, CHANTEURS, LA SERVANTE.

CHŒUR.

Air : *A bord ! à bord !* (Méduse.)

Puisque enfin nous sommes ensemble,
Dans le vin noyons le regret ;
Quel plaisir quand on se rassemble
Au cabaret ! *bis.*

LA SERVANTE. Vous êtes servis.

Elle rentre. Pendant le chœur Bénédit et les Musiciens se sont assis à table.

SALTARELLI, *versant du vin dans les verres.* Buvons !

BÉNÉDIT. Ça va..., à notre rencontre ! Est-ce heureux que j'aie pu vous rejoindre, vous, mes amis, mes confrères !

SALTARELLI. Comment, Bénédit ! depuis hier que tu nous a quittés, il s'est passé tant de choses ?

BÉNÉDIT. Oui, mon brave Saltarelli ; d'abord, on me marie avec Noémi, qui se trouve être duchesse, et puis, comme je vous l'ai dit, je suis aussitôt séparé de ma femme, c'est inconvenant !

TOUS. C'est affreux !

BÉNÉDIT. C'est révoltant !... S'ils croient que Noémi peut se passer de moi... pauvre petite chatte !... je suis sûr qu'elle se désole en m'attendant... Sois tranquille va, ma minette, tu ne seras pas longtemps veuve... J'ai déjà profité de mon premier moment de liberté pour écrire au grand duc.

Tous se lèvent de table.

SALTARELLI. Tu as écrit au grand duc ?

BÉNÉDIT. Une lettre un peu soignée... et cachetée avec de la mie de pain... Voici comment je lui ai tourné cela : « Mon cher » oncle,

Air *de Renaud de Montauban.*

» Vous apprendrez en r'cevant ce p'tit mot
» Que j'suis l'époux de vot' nièce adorée ;
» On m'en sépare et je croqu' le marmot,
» Ça n'suffit pas après la foi jurée ;
» Brûlant d'amour, il est bien temps, je crois,
» Que librement puisse éclater ma flamme ;
» Rendez-moi donc mon ménage et ma femme,
» Je veux rentrer dans tous mes droits.
» Oui, j'ai besoin de rentrer dans mes droits.

» Signé : le très-humble et très-obéissant » neveu de votre altesse, Bénédit, chanteur » ambulant. » Après une lettre comme celle-là, je ne puis pas manquer d'obtenir...

SALTARELLI. Une prison, pour y finir tes jours.

BÉNÉDIT. La prison... encore ! allons, il paraît que je ne pourrai pas l'échapper !

SALTARELLI. Le grand duc est le maître... il a le droit d'user de son pouvoir.

BÉNÉDIT. C'est vrai ; et le pouvoir d'abuser de son droit, ce qui est encore pis... Mais Noémi, que deviendrait-elle ? Tu as raison, Saltarelli ; cet oncle dénaturé ne me la rendra pas... le plus simple est d'aller la chercher moi-même... Le château du marquis n'est qu'à trois lieues d'ici... je compte sur vous... venez, mes amis... Par ruse ou par force, il faut que nous enlevions ma femme.

SALTARELLI. Tu es fou !

BÉNÉDIT. Vous hésitez ?... (*Avec résolution.*) Eh bien, au petit bonheur !... je vais tout seul faire le siège du château... (*Il va pour s'élancer ; on entend en sourdine l'air du premier acte :* « *Mon frère, etc.* ») Qu'entends-je ? écoutez !

SALTARELLI. Qu'est-ce qu'il y a ?

BÉNÉDIT, *avec explosion.* C'est elle, mes amis, c'est elle !

SCÈNE III.

LES MÊMES, NOÉMI, *accourant (costume du premier acte).*

NOÉMI, *gaiement.* Mais oui, c'est moi !... Bénédit !

Elle s'élance dans ses bras.

AIR : *Bonheur de se revoir* (Mariage impossible).

BÉNÉDIT.
Ah ! grand Dieu ! qu' ça fait d' bien
De r'trouver ce qu'on aime !

NOÉMI.
Un cœur comme le mien
Ne dout' jamais de rien.

BÉNÉDIT.
Malgré verroux,
Jaloux,
On se revoit quand même.

NOÉMI.
Partout, pour se fair' jour,
L'amour
A plus d'un tour.

ENSEMBLE.
Ah ! ah ! ah ! ah ! ah !
Ce sera toujours comme ça !

SALTARELLI *et les* CHANTEURS.
Ah ! ah ! ah ! ah !
Qu'ils sont donc gentils comme ça !

BÉNÉDIT, *parlant sur la ritournelle.* Mes amis, voici les époux réunis, nous avons à parler ménage, laissez-nous.

SALTARELLI. Ça suffit.

Saltarelli et les Chanteurs sortent.

SCÈNE IV.

BÉNÉDIT, NOÉMI.

BÉNÉDIT. Ainsi, Noémi, tu as quitté le château.

NOÉMI. Certainement, aussitôt que j'ai appris que tu n'y étais plus.

BÉNÉDIT. Mais comment es-tu parvenue à en sortir ? tu étais si bien gardée.

NOÉMI. Oh ! pour cela, il m'a fallu de la tête, et surtout le secours d'une amie..... Francesca m'a secondée ; elle a mis mes habits de duchesse, et tandis qu'elle se promenait dans la galerie, attirant sur elle tous les regards, j'ai profité de ce moment pour me glisser hors des appartements..... Une fois dans le parc, je m'en suis fait hardiment ouvrir la grille et j'ai gagné la campagne.

BÉNÉDIT. Et vive le grand air !... C'est bon, n'est-ce pas, de prendre la clef des champs ?

NOÉMI. Oui ; mais pas quand on risque de passer la nuit à la belle étoile, ce qui me serait arrivé sans une brave femme qui m'a recueillie dans sa cabane... Ce matin, au point du jour, je me suis dirigée du côté de cette auberge, le rendez-vous de nos amis, car j'étais sûre de te trouver avec eux.

BÉNÉDIT. Tu aurais pu te tromper... j'ai bien manqué de ne jamais te revoir.

NOÉMI. Que s'est-il donc passé ?

BÉNÉDIT. Des choses inouïes... un enlèvement fabuleux..... un voyage mythologique... pas aérien, par exemple !... Dieu ! quels cahots !... Mais je ne m'en plains pas, puisque c'est à une ornière que je dois ma délivrance.

NOÉMI. Explique-toi.

BÉNÉDIT. Voilà : j'étais donc hier dans l'appartement de ton scélérat de marquis, en compagnie de ses portraits de famille, qui sont tous fort laids..... Depuis une grande heure, je m'amusais peu... Enfin, on vient me chercher pour me conduire près de toi... je bondis de joie... je m'élance... et aussitôt, je suis investi par quatre grands gaillards de laquais... je me débats... on me serre de plus près... je veux crier... impossible !

AIR *de Marianne.*

Par force, on me flanque en voiture,
Bride abattue, on me conduit ;
J' t'en réponds, la course était dure :
Ah ! pour un hymen quelle nuit !
Mais, ô miracle !
A chaque obstacle,
A chaque bond
L'équipage se rompt.
D'abord, il craque,
Puis se détraque ;
Un choc heureux
Enfin le brise en deux.
Alors, de prison je m' dégage
Et rebrouss' chemin en m' sauvant,
Tandis que le train de devant
Achève le voyage.

NOÉMI. Et où te conduisait-on ?

BÉNÉDIT. A la forteresse.

NOÉMI. Prisonnier d'état...

BÉNÉDIT. Comme un grand personnage... c'est flatteur pour l'amour-propre ; mais quand on aime à circuler, c'est gênant !

NOÉMI. Grâce au ciel, nous voilà à l'abri du danger.

SCÈNE V.

LES MÊMES, FRANCESCA.

FRANCESCA, *qui a paru sur les derniers*

mots. Au contraire, mes amis, plus que jamais le danger vous menace.
BÉNÉDIT. Mademoiselle Francesca ici !
FRANCESCA. Je savais que Néomi devait s'y rendre, et je suis heureuse d'être arrivée la première, pour vous avertir des nouveaux périls que vous courez dans ce pays.
NOÉMI. Ma fuite est donc connue ?
FRANCESCA. Ce n'est rien encore..... le grand duc a été instruit de ton mariage on ne sait par qui.
BÉNÉDIT. Parbleu ! c'est par moi... Il paraît que ma lettre a fait de l'effet.
FRANCESCA. Tout ce que je puis vous dire, mes amis, c'est qu'il y a eu cette nuit grande rumeur au château... Des soldats envoyés par le grand duc ont pénétré partout en demandant à grands cris le marquis... il avait disparu... Quant à moi, trouvée dans l'appartement de la duchesse par ceux qui venaient t'y chercher, j'ai dit la vérité et l'on m'a laissée partir.
NOÉMI. Bonne Francesca, que de tourments te cause ton amitié pour nous !
FRANCESCA. Je ne serai tranquille sur votre sort que lorsque je vous saurai hors du grand duché... Ici, vous êtes entourés de pièges, on ne vous permettra jamais de rester ensemble.
BÉNÉDIT. Elle a raison..... aussi, pour échapper à la persécution, le plus pressé pour nous c'est de gagner la frontière.
NOÉMI. Il ne faut que vingt-quatre heures pour sortir des états de mon oncle... On fait de la musique partout... demain nous chanterons des duos sur un autre territoire.
BÉNÉDIT. Comment ! vrai, madame la duchesse, tu jouerais encore du tambour de basque ?
NOÉMI. Plus que jamais !
BÉNÉDIT. Eh bien, c'est dit... attends-moi, Noémi... je cours retenir une petite carriole... et en route !
FRANCESCA. Croyez-moi, ne perdez pas un instant.
NOÉMI. Oui, va, Bénédit... et que je puisse me dire pour toujours...

AIR : *Éveille-toi* (Masini).

Adieu, puissance,
Rang, opulence ;
Elle a sonné l'heure enfin de la délivrance !
Car vois-tu, moi,
Auprès de toi
Te consacrer mon existence,
C'est mon seul bonheur, c'est ma loi !
Cours, hâte-toi !

BÉNÉDIT.

Compte sur moi,
Partout nous trouv'rons dans nos cœurs,
Loin de cette cour importune,
L' plaisir qui vaut mieux qu' les grandeurs.

NOÉMI.

L'amour qui tient lieu de fortune ;
Adieu, puissance,
Fuis loin de moi.

REPRISE ENSEMBLE.

Bénédit sort par le fond à droite.

SCENE VI.

NOÉMI, FRANCESCA.

NOÉMI. Quel joli voyage nous allons faire en carriole !... Tiens ! vois-tu, Francesca, je ne regrette qu'une chose en quittant la grandeur, c'est de perdre l'occasion de servir tes amours ; car ton inconnu, nous aurions fini par le rencontrer.
FRANCESCA. Oh ! je ne désire pas qu'il sache ce que je suis devenue, à présent qu'il ne peut plus être à mes yeux un simple officier.
NOÉMI. Comment... tu l'as donc revu ?
FRANCESCA. Eh bien, oui... hier, au château du marquis.
NOÉMI. Ah ! voilà donc le sujet de ce trouble, de ces larmes que tu voulais me cacher... mais tu vas tout me dire... voyons, parle... quel est son nom, son rang ?
FRANCESCA. Eh bien, c'est le prince Albert... (*Albert sort de l'auberge.*) Dieu ! le voilà !

Elle rentre vivement à droite.

NOÉMI. Lui... mon cousin... le prince !... Ah ! c'est lui qu'elle aime ?

Elle se tient à l'écart.

SCENE VII.

NOÉMI, ALBERT, MATHÉO.

ALBERT, *à Mathéo*. Portez ces dépêches à mon père, et dites-lui que je ne reviendrai pas à la résidence sans y ramener la duchesse.
MATHÉO. Oui, monseigeur.

Il sort.

NOÉMI, *à part.* C'est moi qu'il cherche.
ALBERT, *à lui-même.* La duchesse !... Hier, je doutais encore de sa perfidie... mais au moment où j'allais me rendre auprès d'elle, j'apprends qu'elle vient de se marier, et qu'elle s'est enfuie avec celui qu'elle me préfère.
NOÉMI, *à part.* Il est seul... et je partirais sans rendre service à Francesca.
ALBERT, *même jeu.* Oh ! je forcerai bien mon cœur à l'oublier.
NOÉMI, *de même.* Il ne me connaît pas...

Allons, du courage... un tour de mon métier... (*Haut.*) Monseigneur?

ALBERT. Que voulez-vous?

NOÉMI. Vous plairait-il d'entendre une petite chansonnette?

ALBERT, *s'asseyant près de la table.* Non, laissez-moi.

NOÉMI. Pardon, monseigneur... mais il y a du monde dans l'auberge, il faut que je fasse une recette... vous serez bien forcé de m'entendre.

Air *du Muletier du Vésuve* (Graziani).

Fillette belle et sage
Aime un jeune inconnu,
Un oiseau de passage
Qui n'est pas revenu.
Un autre hymen on pense
Imposer à son cœur;
Mais elle, à l'inconstance
Préfère le malheur.
Elle s'enfuit, alors l'envie
Pour se venger flétrit sa vie,
Lorsqu'en secret, fidèle à ses amours,
Innocente, elle attend, elle espère toujours.
Pauvre fille, courage!
L'inconnu reviendra;
J'en ai le doux présage,
L'amour te doit bien ça!
Ah! ah! ah! ah! ah!
L'amour te doit bien ça!

Albert, dont l'attention a été graduellement excitée, se lève à la fin du couplet.

ALBERT. Mais votre chanson ressemble beaucoup à une histoire.

NOÉMI, *à part.* Mon cousin a compris... (*Haut.*) Je crois bien qu'elle y ressemble, puisque c'en est une... Oui, monseigneur, c'est celle d'une jeune personne bien malheureuse, bien intéressante, qui habitait, il y a six mois, le village de Savigliano.

ALBERT, *à part.* Celui où j'ai connu Francesca.

NOÉMI. Le plus curieux de l'aventure, c'est qu'on a découvert que le jeune inconnu c'était...

ALBERT. C'était...

NOÉMI. Un prince... mais cela ne peut pas l'empêcher de revenir à celle qui a tant pleuré son absence... n'est-il pas vrai, monseigneur?... et l'on n'attend plus que ce moment pour faire un second et dernier couplet à la chanson.

ALBERT. Eh bien, il ne se fera pas... car un obstacle insurmontable sépare pour jamais cette jeune fille de celui qui a pu l'aimer jadis.

NOÉMI, *à part.* Ah! mon Dieu!... (*Haut.*) Et cet obstacle, c'est...?

ALBERT. Un mariage.

Il rentre dans l'auberge.

NOÉMI, *seule.* Un mariage... Que veut-il dire? je devine... c'est sans doute encore une nouvelle calomnie contre cette pauvre Francesca... je veux le désabuser... Courons... (*Elle fait quelques pas vers le fond.*) Mais, que vois-je?... je ne me trompe pas... c'est bien lui!... il a suivi mes traces... S'il m'aperçoit, nous sommes perdus.

Elle entre à droite, tandis que le Marquis, en costume de chanteur ambulant et jouant de la mandoline, entre précédé de Pastafrolle, qui donne du cor de chasse.

SCENE VIII.

LE MARQUIS, PASTAFROLLE, *puis* SALTARELLI *et* LES CHANTEURS.

PASTAFROLLE. Par ici, monseigneur.

Air: *Pitié, madame* (L. Puget).

LE MARQUIS.

Un sou, de grâce,
Un gros sou pour
Un homm' sans place,
Et troubadour!
Un sou, de grâce, *bis*.
Un gros sous pour
Le troubadour!

Des honneurs et de la puissance
Naguère encor j'étais au haut:
Le sort a trompé ma prudence,
Et patatras, j'ai fait le saut!
Écoutez ma plainte touchante
Vous que je voudrais enchanter,
Puisque ma fortune déchante,
Hélas! je n'ai plus qu'à chanter:

Un sou, de grâce, etc.

PASTAFROLLE. C'est parfait, monseigneur.
LE MARQUIS. Je fais de l'effet.
PASTRAFROLLE. Un effet monstrueux.

Pendant la reprise, Saltarelli et les Chanteurs sont arrivés par le fond à gauche.

SALTARELLI, *aux Chanteurs.* Des inconnus qui viennent nous faire concurrence? (*Au Marquis.*) Dites donc, gros confrère.

LE MARQUIS, *à part.* Des chanteurs!... c'est ce que je cherchais...

SALTARELLI. Je ne vous connais pas... D'où venez-vous?... qui êtes-vous?

LE MARQUIS. Je suis il signor Cascaro.

PASTAFOLLE, *appuyant.* Cascaro.

LE MARQUIS. Ex-premier ténor du grand théâtre de Monaco.

PASTAFROLLE, *de même.* Monaco.

SALTARELLI. Et vous daignez venir sur la place publique?

LA MARQUIS. J'ai eu des discussions d'intérêt avec mon directeur... il ne m'offrait plus que quinze mille florins par mois.

PASTAFROLLE, *de même.* Par mois.

SALTARELLI, *au Marquis.* Satané far-

ceur... Ah ça, signor Cascaro, as-tu une permission pour chanter ?
LE MARQUIS. On n'en a pas besoin quand on fait partie d'une troupe autorisée, et je demande à être immédiatement incorporé dans la vôtre.
PASTAFROLLE, *à part.* Ah ! diable !
SALTARELLI. Et quels sont tes répondants ? Connais-tu des chanteurs ?
LE MARQUIS. Des chanteurs... je ne connais que ça... D'abord Noémi la... (*Il indique par le geste le jeu du tambour de basque.*) Frou, frou... vous savez... et puis Bénédit le... (*Même jeu pour la guitare.*) Fron, fron.
SALTARELLI. Ah ! tu les connais ?
LE MARQUIS. Ce sont mes amis...
PASTAFROLLE. Intimes.
SALTARELLI. Ça se trouve bien... ils sont ici...
LE MARQUIS. Ici... je cours les embrasser. (*Bas, à Pastafrolle.*) Sauvons-nous !
SALTARELLI. Et tiens, voilà justement Bénédit qui accourt de ce côté.
LE MARQUIS, *à part.* Ah ! grand Dieu !
PASTAFROLLE, *à part.* Bénédit... Bravo !... à mon poste, maintenant !

Il s'esquive discrètement à l'entrée de Bénédit.

SCÈNE IX.

LE MARQUIS, SALTARELLI, BÉNÉDIT, CHANTEURS.

SALTARELLI, *à Bénédit.* Tu arrives à propos.... Voilà un camarade qui se recommande de toi.
BÉNÉDIT. Un camarade... Qui ça ?... Le Marquis !
SALTARELLI. Un marquis !
LE MARQUIS, *bas, à Bénédit.* Silence, ou tu es perdu... (*Haut.*) Eh bien, oui, Cascaro, dit le marquis... c'est un sobriquet que l'on m'a donné à cause de la noblesse de mon port.
BÉNÉDIT, *à mi-voix, au Marquis.* Pardieu ! la rencontre est heureuse... nous sommes en force, les amis vont m'aider à me venger de toutes vos scélératesses... Avant de partir, j'aurai le plaisir de vous voir dangereusement malade.
LE MARQUIS, *avec dignité.* Arrête, ennemi généreux ; ne frappe pas un grand homme à terre.
BÉNÉDIT. Comment ! vous ne nous poursuivez donc pas ?
LE MARQUIS. Au contraire... je me sauve... éloigne ces chanteurs, tu sauras le reste.
SALTARELLI. Eh bien, avez-vous renoué connaissance ? nous réponds-tu de lui ?
BÉNÉDIT. Tout à l'heure je vous dirai ça, mes amis... laissez-nous ensemble. (*A part.*) Il sort seul... S'il me trompe, je lui tords le cou comme à un simple volatile.
SALTARELLI. Nous allons nous préparer à continuer notre tournée... Au revoir, marquis Cascaro.

Il sort avec les Chanteurs.

SCÈNE X.

BÉNÉDIT, LE MARQUIS.

BÉNÉDIT. Je suis pressé, Noémi m'attend, la carriole est attelée.... Alerte, marquis : voyons, en deux mots, pourquoi ce déguisement, et que venez-vous faire ici ?
LE MARQUIS. Chassé par le vent du malheur... je viens cacher ma noble tête dans le sein d'une troupe de saltimbanques.
BÉNÉDIT. En vérité... vous seriez tombé dans la débine ?
LE MARQUIS. Une chute de trois mille pieds de haut... Il n'y a pas de pareille cascade dans la nature.
BÉNÉDIT. C'est miraculeux !
LE MARQUIS. Tu ris, ingrat Bénédit... et c'est à toi, pourtant, que je dois mon infortune.
BÉNÉDIT. A moi ?
LE MARQUIS. Sans doute... si je n'avais pas eu la faiblesse de te faire épouser la grande duchesse, je serais plus que jamais premier chambellan ; mais j'ai été trahi, le grand duc a su ce fatal mariage... et je n'ai eu que le temps de dérober mon auguste personne à sa terrible colère.
BÉNÉDIT. Le ciel est juste... ça vous apprendra à m'envoyer à la forteresse la nuit de mes noces.
LE MARQUIS. C'était par intérêt... pour moi.
BÉNÉDIT. Merci.
LE MARQUIS. Tu ne connais pas encore tous les événements de mon désastreux voyage.

AIR *de Joseph.*

A peine au sortir de mes terres,
Par trois voleurs de grand chemin
Je suis pris ; ces hommes d'affaires
Me dépouillent d'un tour de main.
Mis à nu, ma voix les invoque ;
Ils ne m'ont laissé pour surtout
Hélas ! qu'une ignoble défroque,
Et dans les poches... rien du tout.
Je n'ai qu'une ignoble défroque, etc.

Voilà, chanteur des rues, l'état des finances du malheureux marquis de Montefiero.

BÉNÉDIT. Eh bien, vous n'irez pas loin avec ça.

LE MARQUIS. Si fait... car je connais ton cœur généreux... Tu vas partir... je pars avec toi.

BÉNÉDIT. C'est impossible... et Noémi donc... il n'y a place que pour deux dans la carriole

LE MARQUIS. Eh bien, je monterai derrière.

BÉNÉDIT. Mais qu'est-ce que vous voulez que nous fassions de vous ?

LE MARQUIS. Sois tranquille... je suis capable de vour rendre une foule de petits services.

BÉNÉDIT. Au fait, il a une bonne boule, je lui ferai faire des grimaces, ça poussera à la recette.

LE MARQUIS. Tu acceptes ?

BÉNÉDIT. Touchez là... c'est convenu... je vais chercher Noémi.

AIR : *Je saurai bien la faire marcher droit.*

ENSEMBLE.

BÉNÉDIT.
Il m'a trahi, mais soyons généreux,
Puisqu'il réclame ici mon assistance ;
Mon cœur me l' dit, la meilleure vengeance
Est de servir un enn'mi malheureux.

LE MARQUIS, *à lui-même.*
Pour me sauver, il faut bien en tous lieux
Cacher, hélas ! mes titres, ma naissance.
A mon orgueil quand j'impose silence,
Pardonnez-moi, mes illustres aïeux.

BÉNÉDIT.
Ah ! quel relief cela me donnera !

LE MARQUIS.
Quel soufflet pour ma noble race !

BÉNÉDIT.
Une duchesse est ma prima dona,
Un marquis sera mon paillasse.

REPRISE DE L'ENSEMBLE.

Bénédit entre à droite.

SCENE XI.

LE MARQUIS, PASTAFROLLE *et* DEUX SOLDATS.

Pendant le monologue suivant, Pastafrolle paraît avec deux Soldats, leur désigne le Marquis, puis les envoie l'un à droite, l'autre à gauche ; ils disparaissent.

LE MARQUIS. O néant des grandeurs humaines ! un premier chambellan derrière la carriole d'un chanteur des rues !.. mais je n'ai que ce moyen de gagner la frontière, et puisque mon ingrat pays me repousse, je m'exile avec mon génie, j'irai faire le bonheur des populations étrangères.

PASTAFROLLE, *d'un air abattu.* Monseigneur...

LE MARQUIS. Ah ! te voilà, mon fidèle Pastafrolle... sublime courtisan du malheur... c'est à regret que je vais déchirer ton cœur sensible.

PASTAFROLLE. Comment cela ?

LE MARQUIS. Je pars avec Bénédit et la duchesse... ma sûreté l'exige... Ainsi, reçois mes adieux... nous allons nous séparer.

PASTAFROLLE. Nous séparer... Jamais !

LE MARQUIS. J'apprécie ton généreux dévouement, mais je ne l'accepte pas... tu nous gênerais.

PASTAFROLLE. Non... Quoi que vous en disiez, monseigneur... mon devoir l'exige, je ne peux pas vous perdre de vue.

LE MARQUIS. O modèle des serviteurs !... ton attachement m'attendrit.... Avant de nous quitter, je veux t'accorder la plus précieuse faveur... il n'y a personne... ça ne me compromettra pas... (*Ouvrant les bras à Pastafrolle.*) Pastafrolle, embrasse ton maître !

PASTAFROLLE, *se précipitant dans les bras du Marquis.* Moment délicieux !

AIR : *Vaud. du Charlatanisme.*

Pourquoi suis-je un si grand vaurien !
Vraiment ma conduite est infâme.
LE MARQUIS.
Tu m'as volé, je le sais bien ;
Mais mon pardon absout ton âme.
PASTAFROLLE.
Ah ! je mérite le trépas !
LE MARQUIS.
Dans ta douleur tu perds la tête ;
Mais il est temps, sors de mes bras...
PASTAFROLLE.
Non, monseigneur, je ne vous quitte pas...

LE MARQUIS. Je te le répète : il m'est impossible de t'emmener !

PASTAFROLLE. C'est égal,

Je n' vous quitt' pas, car j' vous arrête !
Saisissant le Marquis au collet.
De par la loi, je vous arrête !

LE MARQUIS. Comment, scélérat !

PASTAFROLLE. Je vous le disais bien... je suis un Judas, un atroce coquin... mais je vous ressemble...

LE MARQUIS. Plaît-il !

PASTAFROLLE. J'ai de l'ambition... Après votre départ du château, on a demandé un homme de confiance pour courir sur vos traces, et je me suis offert.

LE MARQUIS. C'est une abominable trahison !

PASTAFROLLE. Hélas ! à qui le dites-vous, monseigneur ? mais il y a cent florins de récompense pour celui qui mettra la main sur vous ; je n'ai plus rien à gagner à votre service, je ne pouvais pas hésiter.

LE MARQUIS. Et tu m'as laissé venir jusqu'ici pour me dire cela?... Je devine... Au moment de prendre ton infortuné maître au collet, c'est le remords qui arrêtait ta coupable main.

PASTAFROLLE. Non, monseigneur; c'est qu'il n'y avait pas de force armée dans les endroits où nous avons passé... mais notre voyage est fini... Il y a des troupes dans ce village... et je venais vous prévenir que la berline qui doit vous emmener, sous bonne escorte, à la forteresse, sera prête dans un moment.

LE MARQUIS, *accablé*. Malheureux marquis! te voilà pris comme dans un piège à loup.

PASTAFROLLE. Je vous laisse, monseigneur; bientôt on viendra vous chercher... je ne crains pas que vous m'échappiez, le pays est bien gardé, (*très-haut en regardant à droite*) et tous les fugitifs sont cernés.

Il sort.

SCENE XII.

LE MARQUIS, BÉNÉDIT, NOÉMI, FRANCESCA, *puis* ALBERT *et* SA SUITE, *ensuite* PASTAFROLLE *et* LE CHOEUR.

BÉNÉDIT, *qui a paru sur les derniers mots de Pastafrolle*. Qu'ai-je entendu?... cernés!

NOÉMI, *sortant du petit corps de logis avec Francesca*. Serait-il possible!

LE MARQUIS. Hélas! oui, mes amis, mes chers amis, la trahison l'emporte.. nous sommes tous pris du même coup de filet!

FRANCESCA. Quel malheur!

LE MARQUIS, *reconnaissant Francesca*. Tiens, la dame d'honneur en est aussi du coup de filet?

BÉNÉDIT, *regardant au fond*. C'est pourtant vrai... les environs de l'auberge sont remplis de troupes... on pose des sentinelles partout... impossible de leur échapper!

NOÉMI, *voyant Albert sortir de l'auberge*. Et le prince Albert qui vient ici.

FRANCESCA. Le prince!

Elle se retire à l'écart.

LE MARQUIS. Mon noble élève!... S'il me reconnaît, c'est fait de moi... où me cacher? (*Comme frappé d'une idée.*) Ah!

Il disparaît derrière la fontaine.

ALBERT, *à sa Suite*. Les derniers renseignements que je viens de recevoir ne me laissent aucun doute... la duchesse est dans ce village; suivez-moi, messieurs.

Pendant ce que dit Albert, Bénédit et Noémi se parlent bas, puis ils descendent résolument en scène; Bénédit à la droite, Noémi à la gauche d'Albert.

BÉNÉDIT *et* NOÉMI. Monseigneur!
ALBERT. Plaît-il?
NOÉMI. Vous êtes juste, vous!
BÉNÉDIT. Vous êtes bon, vous!
ALBERT. Eh bien, après... que puis-je faire pour mériter tant d'éloges?
NOÉMI. Tout, monseigneur.
BÉNÉDIT. Mieux que ça... non... si... elle a bien dit : tout!
ALBERT. Encore faut-il que je sache de quoi il est question... parlez vite... le temps me presse.
NOÉMI. Vous voulez partir?... Eh bien, monseigneur, c'est absolument comme nous.
BÉNÉDIT. Sans compter que nous sommes peut-être encore plus pressés que votre altesse.
ALBERT. Qui vous empêche?
NOÉMI. La consigne... puisque personne ne peut sortir d'ici.
BÉNÉDIT. Oui, mais avec un ordre signé de vous, bien sûr qu'on nous livrera passage.
NOÉMI. Et c'est pourquoi nous venons vous demander un sauf-conduit.
BÉNÉDIT. Pour deux.
LE MARQUIS, *passant la tête au-dessus de la fontaine*. Pour trois.
ALBERT. Un sauf-conduit... mais je ne sais si je dois...
NOÉMI. Il s'agit d'affaires de cour... d'une duchesse que l'on poursuit... ça ne peut pas nous regarder... nous sommes innocents de tout ça.
BÉNÉDIT. Tout ce qu'il y a de plus innocent.
ALBERT. Au fait, vous ne devez pas souffrir de la sévérité de mes ordres. (*A lui-même.*) D'ailleurs, je ne crains plus que la fugitive puisse m'échapper... on a les yeux sur elle.

Il tire de sa poche des tablettes et écrit.

LE MARQUIS, *à part*. Dieu! qu'il fait frais ici!.. aie! je sens un lézard qui me chatouille le mollet gauche.
BÉNÉDIT. Il a signé.
NOÉMI, *bas, à elle-même*. Bien obligé, mon cousin.
ALBERT, *déchirant le feuillet et le donnant à Bénédit*. Vous pouvez partir.
BÉNÉDIT. Merci, monseigneur.
NOÉMI. Enfin, nous sommes libres!
PASTAFROLLE, *paraissant tout à coup*. Que faites-vous, prince? vous laissez échapper la duchesse.
BÉNÉDIT. Ah! traître!
ALBERT. Que dis-tu?
LE MARQUIS, *à part*. Je m'enrhume.
PASTAFROLLE. Je dis que la duchesse, c'est...
NOÉMI. Eh bien, oui, c'est moi!
BÉNÉDIT, *se plaçant auprès d'elle comme pour la protéger*. Et voilà son mari!

ALBERT. Quoi! c'est vous que le marquis a fait marier hier dans la chapelle de son château!
LE MARQUIS, *à part*. Dieu! je vais éternuer!
NOÉMI. Nous-mêmes.
BÉNÉDIT. Qu'on ose encore nous séparer!
ALBERT. Vous séparer... et pourquoi?... vous n'êtes pas la fille du prince Léopold.
LE MARQUIS *et* PASTAFROLLE, *à part*. Ce n'est pas elle!
              Le Marquis disparaît.
NOÉMI. Serait-il vrai?
ALBERT. Mais non... la véritable nièce du grand duc, c'est cette jeune fille du village de Savigliano.
NOÉMI. Francesca!
PASTAFROLLE. Bah!
FRANCESCA, *à part*. Moi!
ALBERT. Oui, Francesca, que j'aime, que je croyais infidèle, et dont je connais maintenant l'innocence.. mais vous la connaissez... où est-elle?
LE MARQUIS, *qui a reparu au fond, prenant la main de Francesca, qu'il conduit auprès d'Albert.* La voici, prince!... (*Avec fatuité.*) C'est moi qui ai retrouvé la duchesse!
NOÉMI. Quel bonheur!
BÉNÉDIT. Je puis être le mari de ma femme.
NOÉMI. Je disais bien, monseigneur, que ma chanson aurait un second couplet.
ALBERT. Quand le cœur est heureux, l'indulgence est facile... Marquis, j'oublie vos torts.
LE MARQUIS. Et moi, je m'en glorifie, car si je n'avais pas enlevé la chanteuse, vous chercheriez encore la duchesse... mais c'est ce coquin de Pastafrolle qui mérite...
PASTAFROLLE. Une récompense; car si je ne vous avais pas arrêté, vous seriez parti sans savoir que madame est la nièce du grand duc.
ALBERT. Nous allons nous rendre à la résidence.
FRANCESCA, *à Bénédit et à Noémi*. Mes amis, vous nous accompagnerez.
NOÉMI. Merci, j'ai assez de grandeurs comme ça!... Allez régner dans un palais, madame la duchesse; moi je retourne sur la place publique avec mon mari... je n'ai rien à envier à votre bonheur... votre existence sera la plus brillante, la mienne la plus joyeuse... Viens, Bénédit.
BÉNÉDIT. Un moment... l'auberge est bonne, nos amis sont ici... je ne pars que demain matin, après la noce.
ALBERT, *offrant la main à Francesca*. Partons!
LE MARQUIS, *prenant la main de Francesca.* Pardon, prince, je suis premier chambellan; c'est à moi d'offrir la main à madame... Article 701 du cérémonial de la cour. (*A part.*) Je remonte, je remonte... je ne me vois plus du tout.

AIR: *Final du 1er acte du Grand Palatin.*

Enfin, ils sont heureux;
Quel doux moment pour eux!
CHOEUR.

Ah! quel plaisir, quelle allégresse
Pour le village et pour la cour!
De la chanteuse, de la duchesse,
   Ce beau jour
   Couronne l'amour.

FIN.

S'adresser pour la musique à M. COUDER, chef d'orchestre, au théâtre des FOLIES DRAMATIQUES.

Paris. — Imprimerie de Ve Dondey-Dupré, rue Saint-Louis, 46.

Sans Nom ! myst. 1 a. 40	Le Brasseur de Preston, o.-c3a40	Les Dîners à 32 sous, v. 1 a. 30
Un Parent millionnaire, c. 2 a. 40	Françoise de Rimini, tr. 3 a. 40	Aînée et Cadette, c.-v. 2 a. 40
Le Père de l'Enfant, c.-v. 2 a. 40	Lady Melvil, c.-v. 3 a. 40	Le Fils du Bravo, v. 1 a. 40
Le 3me et le 4me, v. 1 a. 30	Tronquette, c.-v. 1 a. 30	Bonaventure, c.-v. 3 a. et 4 t. 40
L'Agrafe, mél. 3 a. 40	Le Discours de Rentrée, v. 1 a. 30	L'Éclat de Rire, d. 3 a. 40
Le Mari à la ville et la Femme	Pierre d'Arezzo, d. 3 a. 40	Cocorico, v. 5 a. 40
à la campagne, c.-v. 2 a. 40	Les Coulisses, v. 2 a. 40	Souvenirs de la Marq. de V***. 30
Une Fille de l'Air, f 3 a. 40	Les Parens de la Fille, c. 1 a. 30	La Jolie Fille du faubourg. 40
Le Château de ma Nièce, c. 1 a. 30	La Levée de 300,000 hommes. 30	Le Fin Mot, c.-v. 1 a. 30
La Fille d'un Militaire, c.-v. 2 a. 40	Rothomago, revue 1 a. 40	Le Château de Verneuil, d. 5 a 50
Le Tour de Faction, v. 1 a. 30	Le Marquis en Gage, c.-v. 1 a. 30	Monsieur Daube, c.-v. 1 a. 30
La double échelle, o.-c. 1 a. 30	Le Puff, rev. en 3 tabl. 40	La Maréchale d'Ancre, d. 5 a. 50
Bruno le Fileur, 2 a. 40	Claude Stocq, dr. 5 a. 50	Les Pages et les Poissardes, 40
Un Jour de Grandeur, dr. 3 a. 40	Jeanne Hachette, dr. 5 a. 50	Bocquet Père et Fils, c.-v. 2a. 40
Le Tourlourou, vaud. 5 a. 50	Lekain, v. 2 a. 40	Le Mari de ma Fille, c.-v. 2 a 30
Le Bon Garçon, op.-c. 1 a. 30	Reine de France, v. 1 a. 40	La Chouette et la Colombe. 40
Dgenguiz-Kan, pièce en 6 t. 40	Diane de Chivry, par Soulié. 50	Quitte ou Double, c.-v. 2 a. 40
L'Officier Bleu, dr. 3 a. 40	Les trois Bals, v. 3 a. 40	L'Argent, la Gloire et les
Portier je veux de tes cheveux. 40	Le Manoir de Montlouvier. 50	Femmes, v. 1 a. et 5 t. 50
Rita l'Espagnole, dr. 4 a. 50	Dieu vous bénisse, v. 1 a. 30	Marguerite, dr. 3 a. 40
Piquillo, op.-com. 3 a. 40	Maurice, c.-v. 2 a. 40	Paula, dr. 5 a. 50
Le Café des Comédiens, v. 1a. 30	Bathilde, dr. 3 a. 40	Mon ami Cléobul, v. 1 a. 30
Thomas Maurevert, dr. 5 a. 50	Pascal et Chambord, c.-v. 2 a 40	Edith, dr. 4 a. 50
Pauvre Mère, dr. 5 a. 50	Maria, c.-v. 2 a. 40	Un Roman intime, c. 1 a. 30
Spectacle à la Cour, c.-v. 2 a. 40	La Bergère d'Ivry, dr. 5 a. 50	Lazare le Pâtre, dr. 5 a. 50
Suzanne, com.-vaud. 2 a. 40	Mlle de Belle-Isle, par Dumas. 50	L'École des Journalistes, c. 5 a. 50
Le Domino Noir, op. 3 a. 50	Marie Rémond, dr.-v. 3 a. 40	Cicily, com.-vaud. 2 a. 40
Longue-Épée, dr. 5 a. 50	Simplette, v. 1 a. 30	Newgate, dr. 4 a. 50
Maria Padilla, en 3 a. 40	Le Dépositaire, c.-v. 2 a. 40	L'Hospitalité, vaud. 1 a. 30
Roméo et Juliette, trag. 5 a. 50	Le Plastron, v. 2 a. 40	Le Père Marcel, c.-v. 2 a. 40
La Folie Beaujon 30	L'Alchimiste, d. 5 a. 50	Le Guitarrero, op.-c. 3 a. 50
Caligula, 5 a. par A. Dumas. 50	Naufrage de la Méduse, 5 a. 50	La Fête des Fous, dr. 5 a. 50
Marquise de Senneterre, c. 3 a. 40	Balochard, c.-v. 1 a. 30	Aurore, op. 4 a. 50
L'Ile de la Folie, v. 1 a. 30	La Maîtresse et la Fiancée, 2 a. 40	Le Neveu du Mercier, dr.-v. 3a. 50
La Dame de la Halle, v. 2 a. 40	Les Mancini, c.-v. en 3 a. 40	Le Perruquier, dr. 5 a. 50
Les Saltimbanques, par. 3 a. 40	Deux jeunes femmes, d. 5 a. 50	Zacharie, dr. 5 a. 50
A Trente Ans, v. 3 a. 40	Marguerite d'Yorck, mél. 4 a. 40	Le Tyran de Café, c.-v. 1 a. 30
L'Élève de St-Cyr, dr. 5 a. 50	Rigobert, mél. c. 4 a. 40	Tiridate, c.-v. 1 a. 30
Marcel, dr. 4 a. 50	Gabrielle, c.-v. en 2 a. 40	La Bouquetière, dr.-v. 3 a. 40
La Maîtresse de Langues, 1 a. 30	La jeunesse de Goethe, v. 1 a. 30	Jacques Cœur, dr. 5 a. 50
Le Cabaret de Lustucru, 1 a. 30	Émile, v. en 1 a. 30	L'École des Jeunes filles, d. 5 a. 50
L'Interdiction, dr. 2 a. 40	Il faut que jeunesse se passe, 40	La Protectrice, c. 1 a. 40
La Pauvre Fille, mél. 5 a. 50	Un Vaudevilliste, 1 a. 30	Manche à Manche, c.-v. 1 a. 30
Isabelle, com. 3 a. 40	Le Fils de la Folle, d. 5 a. 50	Un Mariage sous Louis XV. 50
Le Mariage d'Orgueil, c.-v. 2 a. 40	Le Marché de Saint-Pierre. 40	Fabio le Novice, dr. 5 a. 50
La Petite Maison, c.-v. 2 a. 40	Les Belles femmes de Paris. 40	Une Vocation, com.-v. 2 a. 40
La Demoiselle Majeure, v. 1 a. 30	Amandine, c.-v. en 2 a. 40	La Sœur de Jocrisse, v. 1 a. 30
M. et Mme Pinchon, c.-v. 1 a. 30	Il était temps ! v. 1 a. 30	Van-Bruck, com.-v. 2 a. 40
Mlle Dangeville, c.-v. 1 a. 40	L'article 960, v. 1 a. 30	Le Marchand d'habits, dr. 5 a. 50
Arthur, c.-v. 2 a. 40	L'Ange dans le monde c. 3 a. 40	Mon ami Pierrot, c.-v. 1 a. 30
Les Suites d'une Faute, d. 5 a 50	L'Art de ne pas monter sa gar. 30	La Lescombat, dr. 5 a. 50
Les Enfans du Délire, v. 1 a. 40	Christine, 5 a. par F. Soulié. 50	Zara, dr. 4 a. 50
Matéo, c.-v. 1 a. 50	Les Chevaux du Carousel, 5 a. 50	Langeli, com.-v. 1 a. 30
Le Mariage en Capuchon, 2 a 40	Laurent de Médicis, tr. 3 a. 40	Murat, pièce en 3 a., 14 tab. 50
A Bas les Hommes ! v. 1 a. 40	Les 3 Beaux-Frères, v. 1 a. 40	Trois œufs dans un panier, 1 a. 40
La Bourse de Pézénas, v. 1 a. 30	La Jacquerie, op. 4 a. 40	Mathieu Luc, dr. 5, en vers. 50
Lord Surrey, dr. 5 a. 50	Revue et Corrigée, c.-v. 1 a. 30	Caliste, com.-vaud. en 1 a. 40
Duchesse ! c.-v. 2 a. 40	Le Loup de Mer, dr. 2 a. 40	L'Aveugle et son Bâton, 1 a. 40
Simon Terre-Neuve, c.-v. 1 a 30	L'Ombre d'un Amant, v. 1 a. 30	Paul et Virginie, dr. 5 a. 50
Gaspard Hauser, dr. 4 a. 50	Christophe le Suédois, d. 5 a. 50	Les Enfants Blancs, dr. 5 a. 50
Les deux Pigeons, c.-v. 4 a. 40	Le Proscrit, d. 5 a. 50	La Voisin, mél. 5 a. 50
Mathias l'Invalide, c.-v. 1 a. 30	Les Travestissemens op.-c. 1a. 30	Ivan de Russie, tragédie. 50
Impressions de Voyages, v. 2 a 40	Le Massacre des Innocens 5 a. 50	Le Dérivatif, vaudeville. 40
Geneviève de Brabant, mél. 4 a. 40	Thomas l'Égyptien, v. 1 a. 30	Un Bas bleu, vaudeville. 40
Rafaël, dr.-com. 3 a. 40	Clémence, v. 1 a. 40	Les Filets de Saint-Cloud. 40
Faute de s'entendre, com. 1 a 30	La belle Bourbonnaise, v. 2 a. 40	Lorenzino, par A. Dumas. 50
La Femme au salon, c.-v. 2a. 40	Le Château de Saint-Germain. 50	La Plaine de Grenelle, d. 5 a. 50
Juana, c.-v. 2 a. 40	Les Bamboches de l'Année, r. 50	La Dot de Suzette, d. 5 a. 50
Les droits de la Femme, c. 1 a. 30	Commissaire extraordinaire. 30	Amour et Amourette, v. 5 a. 50
Moustache, c.-v. 3 a. 40	Deux Couronnes, v. 1 a. 30	Pâris le Bohémien, d. 5 a. 50
La Pièce de 24 Sous, c.-v. 1 a. 40	Les Enfans de troupe, c.-v. 2 a. 40	Les Brigands de la Loire, d. 50
M. de Coulin, c.-v. 1 a. 30	L'Ouvrier, d. 5 a. 50	Margot, v. 1 a. 40
Fille de l'Air dans son Ménage, 30	Tremb. de terre de la Martini. 50	Paris la nuit, d. 6 a. 8 t. 50
L'Orphelin du Parvis, c.-v. 1 a 30	La Famille du Fumiste, c. 2 a. 40	Emery le négociant, d. 3 a. 50
Philippe III, trag. en 5 a. 50	Les Intimes, 1 1 a. 40	La Salpêtrière, dr. 5 a. 50
La Croix de Feu, mél. 3 a. 40	La Lionne, c.-v. 2 a. 40	Du Haut en Bas, c.-v. 2 a. 50
Plock le Pêcheur, v. 1 a. 30	La Madone, d. 4 a. 40	La Dot d'Auvergne, v. 1 a. 40
Léonce, c.-v. 3 a. 40	Jean le Pingre, v. 1 a. 30	Claudine, dr. 3 a. 50
Les Trois Dimanches, c.-v. 3 a. 40	Les Prussiens en Lorraine, 50	L'homme aux 3 culottes 3a. 4p. 50
L'Escroc du Grand Monde, 3 a. 40	Roland Furieux, f.-v. 1 a. 40	Céline, c.-v. 2 a. 40
Les Chiens du St-Bernard, 5 a. 50	Un Secret, d.-v. 3 a. 40	L'Hôtel des 4 nations, c.-v. 40
La Figurante, op.-c. 5 a. 50	L'Abbye de Castro d. 5 a. 50	Les Pilules du Diable, 3a. 20 t. 50
La Comtesse de Chamilly, A a 40	La nouvelle Geneviève, v. 2 a. 40	Les 2 Brigadiers, vaud. 2 a. 40
La Reine des Blanchisseuses 2a 40	La Famille de Lusigny, d. 3 a. 40	Le Roi d'Yvetot, op.-com. 3 a. 50
Le Sonneur de St-Paul, d. 5 a 50	Vautrin, d. 5 a. 50	L'Auberge de la Madone, d. 5 a. 50
Mademoiselle, c.-v. 2 a. 40	L'Ouragan, d.-v. 2 a. 40	Les Chanteurs ambulants, 2 a. 50
La Dame d'Honneur, o.-c. 1 a. 30	L'Habit Noisette, 1 a. 30	
Maria Padilla, tragédie 5 a. 50	Aubray le Médecin, d. 3 a. 40	
Paul Jones, d. 5 a. A. Dumas. 50	Les Honneurs et les Mœurs. 40	

GALERIE DES ARTISTES DRAMATIQUES,

Contenant 80 portraits en pied des principaux Artistes de Paris, dessinés d'après nature par ALEXANDRE LACAUCHIE, accompagnés d'autant de notices biographiques et littéraires.

PRIX DES DEUX VOLUMES BROCHÉS : 40 FR. — *Ouvrage entièrement terminé.*

TOME PREMIER.

	Acteurs.	Auteurs.
1re.	Mlle Rachel	J. Janin.
2e.	M. Perrot	E. Briffault.
3e.	M. Deburau	E. Briffault.
4e.	M. Mélingue	J. Bouchardy.
5e.	Mlle Fanny Elssler	E. Briffault.
6e.	Mlle Plessy	H. Rolle.
7e.	M. Duprez	E. Briffault.
8e.	Mme Mélingue (Théodorine)	J. Bouchardy.
9e.	M. Achard	E. Guinot.
10e.	Mlle Doze	E. Briffault.
11e.	M. Odry	J. T. Merle.
12e.	Mlle Fargueil	H. Lucas.
13e.	M. Francisque aîné	J. Bouchardy.
14e.	M. Lepeintre jeune	H. Rolle.
15e.	Mlle Taglioni	J. T. Merle.
16e.	Mlle Dupont	É. Arago.
17e.	M. Boutin	L. Couailhac.
18e.	M. Levasseur	G. Bénédit.
19e.	Mlle Flore	Du Mersan.
20e.	Mlle Georges	H. Lucas.
21e.	M. Joanny	H. Lucas.
22e.	M. Albert	L. Couailhac.
23e.	Mlle Jenny Vertpré	H. Lucas.
24e.	M. Monrose	J. T. Merle.
25e.	M. Bocage	M. Malléfille.
26e.	Mlle Pauline Leroux	É. Arago.
27e.	M. Firmin	H. Lucas.
28e.	M. Rubini	J. Chaudes-Aigues.
29e.	M. Saint-Ernest	J. Bouchardy.
30e.	Mlle Mars	E. Briffault.
31e.	Mlle Persiani	J. Chaudes-Aigues.
32e.	M. Menjaud	H. Lucas.
33e.	Mlle Prévost	L. Couailhac.
34e.	Mlle Eugénie Sauvage	J. T. Merle.
35e.	Mme Damoreau	C. Bénédit.
36e.	M. Lafont	J. T. Merle.
37e.	M. Bardou	H. Lucas.
38e.	Beauvallet	A. Arnould.
39e.	M. Alcide-Tousez	J. T. Merle.
40e.	Mme Volnys	H. Rolle.

TOME SECOND.

	Acteurs.	Auteurs.
41e.	M. Ferville	J. T. Merle.
42e.	M. Volnys	H. Rolle.
43e.	Mme Guillemin	M. Aycard.
44e.	Mme Gauthier	A. Arnould.
45e.	M. Lablache	Couailhac.
46e.	M. Arnal	Eugène Briffaut.
47e.	Mlle Giulia Grisi	Couailhac.
48e.	M. Tamburini	Chaudes-Aigues.
49e.	Mlle Clarisse	E. Lemoine.
50e.	M. Klein	Marie Aycard.
51e.	M. Chilly	A. Arnould.
52e.	Mme Stolz	H. Lucas.
53e.	M. Moëssard	A. Arnould.
54e.	Mme Anna Thillon	H. Rolle.
55e.	M. Brunet	Du Mersan.
56e.	Mme Albert	H. Lucas.
57e.	M. Provost	E. Arago.
58e.	Mlle Brohan	J. T. Merle.
59e.	M. Chollet	Couailhac.
60e.	M. Roger	Couailhac.
61e.	Mlle Anaïs	J. T. Merle.
62e.	M. Vernet	H. Rolle.
63e.	Mlle Carlotta Grisi	Th. Gauthier.
64e.	Mme Desmousseaux	Couailhac.
65e.	M. Mario	P. A. Fiorentino.
66e.	Mme Dorval	H. Rolle.
67e.	Mme Dorus-Gras	E. Arago.
68e.	M. Regnier	Aug. Arnould.
69e.	Mlle Monte	E. Arago.
70e.	Mlle Julienne	H. Rolle.
71e.	M. Lepeintre aîné	E. Arago.
72e.	Mlle Déjazet	E. Guinot.
73e.	M. Numa	H. Rolle.
74e.	M. Samson	A. Arnould.
75e.	M. Sainville	L. Couailhac.
76e.	M. Ligier	H. Rolle.
77e.	Mme Jenny Colon Leplus	E. Arago.
78e.	M. Raucourt	Bouchardy.
79e.	M. Bouffé	E. Briffault.
80e.	M. Frédéric Lemaître	Adolphe Dumas.

OEUVRES DRAMATIQUES DE SCHILLER,

TRADUCTION DE M. DE BARANTE, Pair de France, Membre de l'Académie française.
PRÉCÉDÉES D'UNE NOTICE BIOGRAPHIQUE ET LITTÉRAIRE SUR SCHILLER.

Un superbe volume in-8° à deux colonnes, illustrée de 24 vignettes sur acier. Prix : 12 francs.

GALERIE DES FEMMES

DE WALTER SCOTT,

Charmant Keepsake pour 1843,

Contenant 40 portraits sur acier, gravés à Londres avec texte français.

Prix : broché 10 francs ; reliure dorée sur tranches 12 francs.